福岡市を経営する

福岡市長 高島宗一郎

ダイヤモンド社

はじめに

36歳で市長になったら、まわりは敵だらけだった

「経営経験なし、行政経験なし。難問山積の福岡市。前途は多難です――」

私が市長に就任した日。

夕方のニュースは、キャスターのこんなコメントから始まりました。続いて市長就任初日の動きや街の声をまとめたVTRが流れます。内容は「福岡市の重たい行政課題」と「軽くて若い市長」を対比させた、さんざんなものでした。

就任当初から吹いていたのは大きな「向かい風」でした。一般的に、新政権が発足をしたり、新しい市長や知事が誕生したりすると、就任からの100日間はマスコミが厳しい評価を避ける「ハネムーン期間」というものがあると言われています。しかし私の場合、そのような「お手並み拝見期間」はまったくありませんでした。

新聞もテレビも「反・高島」一色。理由は、挙げればきりがありません。当時は民主党

政権だったため、経済界のほとんどが民主党推薦の現職市長を応援していたこと。さらに、その現職市長が地元の新聞社出身だったこと。また私自身も、歴代の福岡市長の重厚なイメージとはかけ離れた、史上最年少の36歳であったことや、行政とは無縁のアナウンサー出身ということもおもしろくなかったのかもしれません。

当時は、朝起きて新聞やテレビを見ることが本当に厳しい毎日の「修行」でした。福岡市に関するネガティブな事柄に関しては「高島市長は」という主語で始まり、ポジティブな事柄に関しては「福岡市は」という主語で始まる。どうしてもなんらかの意図、私への否定的な感情を感じざるをえませんでした。

テレビをつけると、朝刊記事を紹介するコーナーで、それらの悪意に満ちた記事をご丁寧に拡散していただいている（私自身が直前までその仕事をしていたのですが）。ネットを見れば、ネガティブな新聞記事やテレビのニュースを見て誤解した読者や視聴者からのたくさんのご批判コメントであふれている。登庁すると、市役所のまわりでは拡声器を使って「若造のくせに！」と、私の批判をされる方が連日のようにいらっしゃる。このような世界はなかなか経験できるものではありません。

市長の仕事場は「デスゾーン」

あるとき、世界最高齢でエベレストに登った三浦雄一郎《みうらゆういちろう》さんの息子さん、三浦豪太《ごうた》さんからお話をうかがう機会がありました。彼がエベレストの山頂付近の写真を見せてくれたとき、私は何も考えずに「きれいだなあ、行ってみたいなあ」とつぶやきました。すると、三浦さんはこう言いました。

「ここはデスゾーンと言います。酸素濃度は地上の3分の1程度で、酸素マスクを外したら普通の人は2、3分で意識を失います。気圧が低すぎてヘリコプターも飛べません。動物が生きられないから、ここは汚す人が誰もいない。だからきれいなのです」

私はデスゾーンという言葉をはじめて聞いて、思わずハッとしました。本当に命を賭けている登山家と自分を重ねるつもりはありません。しかしあくまでイメージとして「素人から見れば幻想的に見える山頂こそ空気が薄くてとても生きづらい」というのは、大企業の経営者など「一見華やかに見えるけれど大きな責任を背負った人が生きる場所」と同じなのではないか、と思ったのです。

あなたは市長がどんな生活をしているのか想像してみたことはあるでしょうか？「運転手さんのいる公用車はさぞ乗り心地がいいのだろうな」とか「自分が市長になったら、あれもやりたい、これもやりたい」などと想像をふくらませる人もいらっしゃると思います。でもそれは、もしかすると私がエベレストの写真を見ながら「きれいだなあ、行ってみたいなあ」と言ったのと同じことかもしれません。

福岡市民は2018年10月時点で約158万人です。そのトップである市長という立場も、ある意味では「デスゾーン」と似ているのかもしれません。ここでは、高い山と同じく空気が薄いので生きづらく、なんと言ってもメンタル、心臓の強さは必須です。

私が足を踏み入れた行政の世界は、一般的な民間企業とは違います。いろんな価値観の人が同じ街に住んでいますが、行政は行政サービスの対象者を選ぶことはできません。「うちの商品がイヤなら買わなくて結構！」とは言えませんから、いろんな立場や考え方の人に納得していただかなくてはいけない。あちらを立てればこちらが立たず。それは想像をはるかに超えるハレーションのど真ん中なのです。

市役所の政策判断に反対する市民から市長が告発されることもしばしばあります。裁判所など自分の人生には無縁と思っていたのですが、今では告発したりされたりが特別ではなくなってしまいました。

パーティーや会合でも油断はできません。ある祝賀会でのこと。たくさんの方が名刺を持って来られたので次々に対応していたのですが、後日、その名刺を悪用され「市長とは話がついている」と役所に売り込みにくる詐欺まがいの手口に使われたこともあります。他都市の市長さんと話していても、やはりみなさん同じような経験をされています。ですから会合などでは、できる限りひとりにならないようにし、不特定多数の方が集まって名刺交換せざるをえないような場はなるべく避けるようにしています。

450億円の財源不足に対し、490億円の財源を確保

36歳の若い市長の存在は、市役所に出入りされる業者のみなさんにとっても、面倒なも

のであったはずです。

市長になってから、さまざまな改革を行ないました。

役所には、少子高齢化にともなって社会保障の経費や公共施設の改修費用が毎年大幅に伸びる一方で、子育て支援などの新たな財源も必要になっているという課題がありました。そこで、素人の私ではチェックできない分野までしっかりと専門的な目で精査するために、外部の有識者を入れた会議を9回にわたって開催して、「行財政改革プラン」を策定したのです。

これによって450億円の財源不足に対して490億円の財源を確保し、それまでの4倍のペースで保育所を整備し、子ども医療費助成の拡大などを行ないました。

もちろん職員数を減らしたり、未利用地を売却したりするなど役所内部でできることは率先して行ないましたが、それだけでは賄《まかな》えません。使用料を適正な額に上げたり、目的が薄らいだ公共施設を廃止したり、補助金の削減もしました。こうした見直しを行なえば、かならず誰かの痛みがともないます。恨みも買います。

また「随意契約」という、行政が任意で事業者を選んで契約する手法は、「官製談合」の防止や特定の業者が契約を独占しないためにできるだけ避けるべきとされています。私はこの「随意契約」の総点検にも着手しました。そして外部委員会とも協議を重ねて、147億円の見直しを決めて、順次「競争入札」といった透明性や競争性の高い契約方法に変更しました。

また、外郭《がいかく》団体との契約見直しは46億円で、このうち9割を競争入札に切り替えました。

このようなさまざまな行財政改革を30代の新人素人市長がどんどんするのですから、おもしろく思わない方も多かったのかもしれません。ちなみに、ちょうど偶然にも同時期に不審な車が家の前で見張っていたり、役所への行き帰りに車で尾行されたりすることも続いたため、行き帰りをパトカーが先導してくれた時期もありました。秘書に対して「殺す」という脅しの電話もありました。こういったこともあり、今では朝、家を出てから帰宅するまでのあいだ、県警のSPが付いてくれています。

「よし、市長を辞めよう」と自分に言ってみる

みなさんが思い浮かべる市長のイメージは、華やかに記者会見で何かを発表する姿なの

かもしれません。しかし、それは市長という仕事全体の0・1%の部分にすぎません。

私もひとりの人間ですから「大変だな」と思うこともあります。そんなとき私は「よし、市長を辞めよう」と自分に言ってみるのです。私は誰から強制されたわけでもなく、ただ自分の意志で立候補しただけ。私の人生だから、私の自由。「ならば辞めたらいい。次にやりたいという人はいくらでもいるから、心配しなくていい」と、自分に言い聞かせるのです。

しかし――。

「次の市長がこんな人だったら……」とあえてその後を想像してみます。

たとえば地域の会合にばかり顔を出して、シティセールスに動かない。決断をしない。リスクを取らない。スピードが遅い。テクノロジーの変化に鈍感。安全や慣例などを大義にして既得権を守って、イノベーションと変化を阻む。そんな旧来型の市長が就任して、時計の針が逆回転するように福岡市の躍動感が消えてしまう――。そのようなことをあえて想像してみるのです。

すると「いや、やっぱり、辞めるわけにはいかない」と思い直すのです。そして「自分はこの仕事をしたいのだ」と決意を新たにします。

福岡市は8年で「最強」の街になった

冒頭から重たい話ばかりしてしまいましたが、大変なのはどの仕事も同じですから、そんなことを伝えたいわけではありません。

就任から8年——。

あの頃と比較すると信じられませんが、福岡市は今、先人たちの努力の蓄積と市民のみなさんのチャレンジ精神のおかげで、全国でもっとも活気あふれる街と評価されるようになりました。

国際会議の開催件数は、全国の政令指定都市の中で1位。クルーズ船誘致と港湾エリアの整備により、クルーズ船の寄港回数も横浜を抜いて日本一。新しいビジネスを生み出すスタートアップに力を入れて、現在4年連続での開業率7％台は全国唯一です。政令指定都市で唯一、税収が5年連続過去最高を更新し続けていますし、「天神ビッグバン」などのプロジェクトで地価の上昇率も東京都や大阪府のおよそ倍。人口増加率も東京を抜いて

1位となりました。

経営をした経験も、行政の経験もない36歳の市長でしたが、先人の努力のうえに、市民、企業、NPOなどのみなさんと力を合わせてチャレンジした結果、日本でもトップレベルで元気と言われる街をつくりだすことができたのです。ちなみに8年前の最初の市長選挙のキャッチフレーズは、なんと「とりもどせ元気！　とりもどせ信頼！」だったのですから、隔世の感があります。

私が本を書くことにした理由

私はまだ現職として、さまざまな分野に挑戦している最中です。福岡市が飛躍し、それが日本の希望となるようにガムシャラにチャレンジしているまっただなかです。よって、「本を書きませんか？」とお話を持ちかけられたとき、「せめて現職を引いた後がいい」と固辞しました。

しかし、「市長の取り組みのエッセンスがビジネスパーソンも含めて、同世代のチャレンジャーにもきっと役に立つはずだ」との言葉を受けて、僭越ながら筆を執ることにしました。そもそも文章を書くことは苦手なので、稚拙な表現になることはご容赦ください。

せっかくいただいた機会ですから、私自身の思いやこれまでの福岡市の取り組み、街の飛躍の原動力となった職員や組織の変容。また自分自身のメンタルコントロールのやり方なども素直に書きました。

若者こそが日本を変えていく

さて、日本社会にもっとも足りないダイバーシティは「意思決定層に『若者』がほとんどいない」ことだと思っています。

これは企業でも政治の世界でも同じです。若い人たちに理想の社会のイメージがあるなら、誰かが行動してくれるのを座して待つのではなく、若い自分たちこそが立ち上がって世の中を変えればいい。

就任したときの年齢は、私は36歳、エストニアのユリ・ラタス首相は38歳。フランスのエマニュエル・マクロン大統領は39歳、カナダのジャスティン・トルドー首相は43歳です。

とくに日本の地方自治体の場合、議院内閣制の国政とは違い、予算権や人事権を持つ市長や知事は直接、住民の選挙で選ばれます。影響力を持つために議員として期数を重ねる必要もありませんし、覚悟を持てば誰でも私のようにすぐに挑戦する権利があるのです。

この本を通して、私の経験をみなさんとシェアすることで、全国の若者はもちろんのこと、行政とは関係のない他業種からも、市長や知事に挑戦しようという人が増えることを心から期待しています。若い首長がスピーディーに各地方を変えていくことこそ、日本を最速で変えていくもっとも合理的な方法だと思うのです。

福岡市を経営する　目次

1 挑戦

出馬と裏切り、選挙のリアル

2 逆襲

数字と結果で流れを変える、弱者の逆転戦略

3

決断

スピードと伝え方が鍵。有事で学んだリーダーシップ

4

情報

テクノロジー、SNSの活かし方

5

戦略

攻めの戦略と市民一人ひとりの意識改革

6 覚悟

キャリアと死生観、自分の命の使い方

第1章 挑戦

出馬と裏切り、選挙のリアル

出馬した途端、知り合いと連絡がつかなくなる

最初の選挙では、人生を見つめ直さざるをえない貴重な経験をしました。

私は、2010年まで九州・山口エリアの朝の情報番組のメインキャスターをしていました。放送局にアナウンサーとして入社してから約13年間にわたって、リポーターやキャスターとしてテレビに出演していたのです。街を歩けば「テレビ見てますよ！」と知らない人からも笑顔で声をかけていただけましたし、プライベートでもたくさんの友だちに囲まれて、自分で言うのも憚《はばか》られますが、まさに「人生は絶好調」でした。

ところが、出馬会見をした瞬間、あれだけたくさんいたはずの友だちが目の前からサーッと消えていったのです。選挙の応援を頼もうと、仲良く飲んでいた友だちやかわいがっていた後輩など、一人ひとりに電話をかけますが、ほぼ誰も電話に出てくれません。そして留守電の返事もないことがほとんどでした。選挙事務所を開設したものの、投票日の1週間前、つまり「高島候補が有利」という報道があるまではガランとして、結果的に「友

だち」は誰ひとり顔を出すことはありませんでした。

「きっと選挙活動に協力してくれるだろう」と思って作った「友だちリスト」の紙を握りしめ、一人ひとりの顔を思い浮かべながら、自分の甘さをほとほと情けなく思いました。自分はこれまでリスクをとって誰かの力になったことなどないくせに、人はリスクをとって自分に協力してくれるだろうという都合のよい思い込みをする甘さ。

絶好調のときにだけ近くにいる人と、ピンチのときにも離れずに寄り添ってくれる人というものは決定的に違うのだ、という至極あたりまえのことにはじめて気づかされました。私はピンチになることで、これまでの絶好調のときには見えなかった人間関係や人づき合いを考え直すことができたのです。

選挙活動を続けていると、そのうち全身が「高感度アンテナ」のように研ぎ澄まされていきました。お会いした人の細かな目の動き、声色、しぐさ、ちょっとした言葉の使い方などで、その人が何を考えているのかが手に取るようにわかるようになってきたのです。「高島さん、応援してます！」と声をかけていただいても、本心なのか、うわべの言葉なのか、敏感に感じとれるようになりました。

残念ながら、「陰ながら応援しています」と言った方は、ほぼ全員、選挙が終わるまで本当に「陰」に隠れてしまって姿を現しませんでした。もしかすると対立候補にも「陰ながら応援しています」と言っていたのかもしれません。

いずれにしても、「キャスターである高島」とはつき合っても、「選挙に立候補した高島」となると違ってくるのでしょう。私が落選したときのリスクを考えると、その行動はある意味当然なのかもしれません。

友だちは誰か。苦しいときにこそ見えてくる

いよいよ選挙告示の1週間前。

当時、私の番組でアルバイトをしていた大学生の松藤淳一《まつふじじゅんいち》くんが、紙コップとジュース、スナック菓子を用意し、500円の会費で決起大会を呼びかけてくれました。その告知を見た20人の市民の方が選挙事務所に駆けつけてくれました。

一方、まったく同じ時間に、現職の市長はホテルニューオータニ博多の会場で2000人を集めた経済界主催の決起大会を開催していました。取材に来ていた記者が、聞いてもいないのに相手陣営の大盛況な決起大会の様子や来賓の名前を刻々と報告してくれます。その名前の中には、こちらの応援をしてくれていると自らおっしゃっていた方の名前もありました。「100倍の人数の差があるから、それを逆転する夢があるんだ」と、私は取材に来た記者に強がりましたが、さすがに告示1週間前ですから不安にもなりました。

そしてついに投票日。

開票結果は、私が現職に約6万5千票の差をつけて勝っていました。では、あの決起大会の人数差はなんだったのか……。この一連の選挙活動や投票結果は私にとって非常に貴重な経験になりました。

企業や地域の「有力者」と呼ばれる人ではなく、決して表には出てこないけれど、実際に見えないところで静かに私を支えて投票してくれている人は誰なのか。この経験によって私は、普段の活動やその後の選挙で飛び交う噂やデマに惑わされずに、冷静に物事を見られるようになったのです。

いざ当選すると、今度は逆に対立候補についていたみなさんが「高島市長、すばらしい！」と気持ち悪いほど持ち上げてきます。そういう人ほど裏では逆のことを言っているという話もどんどん耳に入ってきます。当時36歳になったばかりの私にとって、そういう嘘だらけの会合の場に行くのは本当に足が重かったものです。

「友だち」と言っても、大別すると「ただの知人」と「同志」がいます。それまで私はそれらを区別できておらず、すべて「友だち」だと思っていました。

基本的に自分が強いとき、調子がいいときには、まわりにどんどん人が集まってきます。しかし、本当に助けが必要な苦しいときに、ともに闘ってくれる人こそが「同志」と呼べる人です。その「同志を見極める目」が苦しい選挙活動で養われました。これには感謝しています。

あれから8年。今は私と一緒になって、自分でリスクを背負って発言する、実行する、そんな「同志」が全国にどんどん広がってきていると感じています。

多忙な毎日を送る自分にとって、その同志たちと心ゆくまで議論したり、新たなチャレンジへの夢を語り合ったりする時間はとても貴重なものです。そう考えれば、「ただの知人」の数はむしろ少ないほうがいいのかもしれません。限られた時間を使うべきところにしっかり割くことの重要さは私にとって大きな学びとなりました。

もし選挙に出ていなかったとしても、おそらく人生のどこかで、別の形で「うわべだけ」の人間関係に気づかされていたでしょう。そう気づくまでのあいだ、「あのパーティーにも行かなきゃ」「この知り合いがお店をオープンしたから行かなきゃ」などと無駄に東奔西走していたかもしれません。そばにいてほしいときに潮が引いたようにいなくなる人たちのために、人生の多くの時間を使っていたかもしれない。それによって、じっくり時間を割くべき人のことをおろそかにしていたかもしれない。そちらのほうが人生の重大な問題です。

選挙でいったん自分の人間関係をきれいにすることができた。本当に自分が大変な状況になったときに、意外な人が力になってくれることもわかった。それが今の自分につながっています。

私にとっては選挙がきっかけでしたが、逆境や大ピンチに陥ったことがある人も、私と同じ経験をしているのではないでしょうか。自分が強ければ、自分がうまくいっていれば、普段のつき合いがほとんどなくとも、多くの人は応援してくれるでしょう。しかし、自分が苦境に陥ったときに、助けが必要なときに、そばにいてくれるのは誰なのか。

逆境のときにしか、本当に大切な人は見えないのかもしれません。

「選挙に出てくれ」
――青天の霹靂

「いつかは政治の世界で日本と世界の発展に貢献したい」

実は、大学生のときからそう考えていました。

チャンスはいつ巡ってくるかわかりません。ですから、アナウンサーになってからも「今日が最後の放送日」となっても後悔がないようにという意識で仕事に取り組んでいました。

いずれ選挙に出ることは決めていたので、2009年には九州大学の大学院に入学し、朝の番組の放送後、午後からは大学で政治学を学び直していました。選挙のために体力もつけておこうと思い、大学院の後はスポーツジムにも通っていました。今ではもう無理ですが、当時は毎朝2時半に起きて、夜12時に寝る生活でした。

私の祖父は、かつて大分県の豊後高田市で市長をしていました。その大好きだった祖父の一周忌の直後、8月のお盆を過ぎたある日のことです。会社の先輩から「会わせたい人がいるからこれから2階の会議室に来てくれ」と言われました。

私が社内で唯一、将来の政治家の夢を話していた先輩が引き合わせてくれたのが、福岡市議会自民党福岡市議団の重鎮、故・石村一明《いしむらかずあき》市議でした。恰幅《かっぷく》がよく、部屋に入ると強いタバコのにおいがしたのが印象的でした。

「政治家になりたいんだって?」と問われ、私は近い将来に衆議院選に出たいと考えている話をしました。私の話をニコニコしながら聞いていた石村市議は、私の話が終わると突然「福岡市長選に出てほしい」と告げたのです。

当時は民主党政権下で、福岡市に自民党の代議士は誰もいませんでした。そして当時の福岡市長も民主党推薦だったので、自民党福岡市議団が市長選挙の候補者を探して声をかけても、断られ続ける状態だったそうです。

石村市議によれば、11月の市長選挙まで時間がなく、9月30日までに決まらなければ、元衆議院議員の山崎拓《やまさきたく》氏が福岡市長選の候補に内定しているとのことでした。

「山崎拓さんは私と高校の同級生だが、私たちのような70を過ぎた年寄りではなく、今の福岡市には若い力が必要なんだ。きみは政治に興味があると聞いている。知名度のあるきみなら短期間の選挙でも勝てる」とおっしゃるのです。

まさに青天の霹靂でした。

私が学生時代に政治家を志したときは「国政」をイメージしていました。国や世界をよくしたいと思っていたのです。ですから、その打診を受けた瞬間は「どうして市長なのかな？」と思いました。

しかし、すぐにその答えが自分に降りてきました。

日本という国は、それぞれ個性の異なる地方の総体であって、地方都市がそれぞれの個性で最高に輝くことで、結果的に、国が宝石箱のように輝くことができる。

つまり、地方都市をよくすることが、最速でこの国を変えることになるのだと。

そう考えると、私が福岡でキャスターとして13年間、福岡市の祭りや食、自然の魅力、さらに地域の課題を最前線の現場で取材し、伝え続けてきたことともつながり、天から降りてきた答えがストンと腑に落ちたのです。

また当時は、宮崎県の東国原英夫《ひがしこくばるひでお》知事や大阪府の橋下徹《はしもととおる》知事が活躍されていました。地方は首長のリーダーシップがあればスピーディーに変えられるということを、多くの人が認識し始めた頃でもありました。

翌日、「市長選に出ます」と石村市議に返事の電話をしました。かつて市長をしていた祖父の初盆直後という意味深なタイミングであったことを思うと、亡き祖父が私の背中を強く押してくれていたのかもしれません。

誰にも迷惑をかけずに決断することなどできない

出馬を決意したものの、あまりに突然のタイミング――。

朝の番組のメインキャスターをどう辞めればいいのか。どう番組関係者に伝えようか。どの順番で誰に相談しようか……。まだ頭の中がまったく整理できていないなか、突然8

月26日木曜日の朝刊にこうスクープされました。「自民、民放アナ擁立《ようりつ》検討」そこからはあまり記憶も定かではないくらいの大騒ぎの日々でした。

スクープが出た日の21時過ぎ。会社の役員から、社長の言葉を伝えるための電話がかかってきました。「このあと、朝4時（番組の準備が始まる時間）までに選挙に出るのか出ないのか結論を出せ」と言うのです。

もし選挙に出ないという結論を出したのであれば、番組の中で「私が市長選挙に出るという噂がありますが、これは間違いです」と否定すること。そうでなければ明日からキャスターは交代だ、と言われました。視聴者のみなさんに「ありがとう」も「さようなら」も言っていないのに、明日にはもう番組に出られないのです。

そんな折、私のピンチヒッターをするかもしれない同期の宮本啓丞《みやもとけいすけ》アナウンサーから電話がかかってきました。

「ひとりで悩んでいても仕方がないから会社に来い」

私はとりあえず会社に行くことにしました。深夜2時ぐらいだったと思います。

会社ではたくさんのスタッフがいつもどおり放送に向けて作業をしていました。なんとも言えない、ぎこちない雰囲気が流れています。スタッフの中にもいろんな話がまわって、みんな動揺していたのでしょう。

そんな中、芸能コーナー担当の藤井聖也《ふじいせいや》くんという若いディレクターが、静かにその日の進行表を持ってきてくれました。進行表には、いちばん左に時間が書いてあり、上から順に、その日の流れやカメラ割りなどが書かれています。当然、その日の進行表にも、いろんなところに「高島」と書かれています。

藤井くんは私にそれを見せながら「これ見てください。この番組は高島さんを中心にできている番組です。他の人じゃないんです」と言うのです。視聴率を上げるべく、一緒にがんばってきた仲間のその言葉を聞いたときがもっともつらく、心が大きく揺れました。強く出馬の決意を固めていたはずだったのですが、正直かなり動揺しました。

私の決断は、一緒に仕事をしていたまわりの人にとっては、迷惑以外の何物でもありません。自分が逆の立場であれば、一緒に仕事をしている仲間が「選挙に出るんで会社辞めます」と突然言い出したら「ちょっと待て、このプロジェクトはどうするんだ」「ふざけるな」という気持ちになるでしょう。

私も、できれば3月末や番組改編の時期に合わせて区切りをつけたいと思いました。しかし話が来たのは8月末。選挙は11月。選挙告示まで2ヵ月ちょっとしかない、というタイミングでした。

それでもやはり、私は出馬することに決めました。

チャンスが来たときがベストタイミング

あのとき「出馬する」という決断をせず、アナウンサーを辞めないほうがよかったのか。あるいは、もっといいタイミングがあったのか。

誰しも経験があると思いますが、物事のタイミングは「年度末」とか「ちょうど関わっているプロジェクトにキリがつくとき」のような、きれいな区切りでやってくるわけではありません。

ほかにやりたいことがあっても「ちょっと今はタイミングが悪い」「今辞めたら会社に迷惑がかかる」などと言って決断を先送りしている人も多いでしょう。

そういう人に今なら私はこうアドバイスします。

「あなたがそうしたいと思うのであれば、今がベストのタイミングである」と。

なぜなら、次のチャンスも「きれいな区切り」では来ないでしょうし、そもそも次のチャンスが来るとも限らないからです。


迷惑をかけたくない。みんなに応援されたい。

きっとみんなそう思います。決断するにしても、まわりの人に非難されたくないでしょうし、親からも職場の仲間からも応援されるなかでチャレンジしたいと思うでしょう。

誰からも嫌われたくないし、自分の挑戦に応援もしてほしい。でも、そういう思いでいると、せっかくのチャンスを逃してしまうかもしれません。

何かが欲しいなら、何かを失う。

天は、すべてを同時には与えてくれないものなのです。

以前、私の番組のコメンテーターをしていただいていた宮崎県知事（当時）の東国原さんからは電話でこうアドバイスされました。

「誰でも人に迷惑をかけながら生きている。とくに選挙のときには。本当に大切な仲間はいずれわかってくれると思うよ」

決断の瞬間はとてもつらいですが、今になれば私も同じことを他の人にアドバイスすると思います。

「これが政治なのか？」金持ってこい……

出馬が決まった直後、ある知らない議員に「あいさつに来い」と言われました。

激励をしていただけるのかと思いきや、部屋に入るやいなやお金を要求されたのです。「選挙活動費だ」と言います。私は「お金がなくてもボランティアのみなさんと協力してがんばるので大丈夫です」と答えました。すると、その議員は笑いながらこんなことを言うのです。

「金をもらわなくて動く議員など、いるわけがないだろう」そして、手を広げながら続けます。

「5000万円はいる。自分がうまく配る。まずは家を売ってこい。退職金はいくらなんだ？」

これが政治家なのかと唖然《あぜん》としました。そんな議員に応援されるくらいなら自分ひとりで戦いたいと思いました。想像していたとおりの政治の「負」の側面を凝縮したような時間でした。

この話をすぐに他の信頼できる議員に相談したところ「お金は一切払う必要はない。そんな議員ばかりと幻滅しないでほしい」と言ってくれました。もちろん、ほとんどの議員はそうではないと思います。しかし、当時35歳のサラリーマンだった私は、本当に大きな衝撃を受けたのです。もし一般の人であれば、はじめての選挙でまったく知らない政治の世界に飛び込んでいくわけですから、お金を要求されたら「そういうものなのかな。力を持っている方に応援してもらえなければ当選できないだろう」と思い、どうにかしてお金を払ってしまうかもしれません。

私は信頼できる数少ない仲間とともに、若さと情熱、そしてこれまで培ってきた知名度と経験値だけで闘おうと心に決めていたので、お金を払うことはありませんでしたが、「そういう議員が本当に実在するのだ」ということを知ることができて勉強になりました。

後日、再びその議員からレストランの個室に呼び出されたので、自己防衛のために準備していたレコーダーでこっそり録音しながら、改めて明確にお断りをしました。

「おめぇは何がやりてぇんだ？」麻生太郎先生との出会い

麻生太郎先生とはじめてお会いしたのもこの頃です。

２０１０年9月17日、面会の場所は友だちの会社の一角を借りました。想像どおり強烈な方でした。最初のやりとりは生涯忘れることができません。どかっとソファに座って、あの独特のだみ声、べらんめぇ調で唐突にこう聞かれました。

「市長になることが目的ではなくて、それを手段として何をやりてぇかってところが大事なんであって……それでおめぇは、市長になって何がやりてぇんだ？」

私は「福岡をアジアのリーダー都市にしたいんです」と私が目指す福岡市のビジョンを訴えました。

すると麻生先生は、

「ほお、おもしれえ。俺はこれまで政治家のハッタリやホラをたくさん聞いてきたが、おめえみてえな大きなホラを聞いたのははじめてだ」

そう言って、それまでの厳しい表情から一転して、満面の笑みを見せてくれました。

「よし、応援するからがんばれ！」と言って、その後は若い20代や30代の応援スタッフとも気さくに写真撮影をしてくださり、選挙活動が始まると実際に37ヵ所もの街頭で一緒に演説をしてくださいました。

念のため付言すれば、私は大きな「ホラ」のつもりで言ったのではありません。本気で福岡をアジアのリーダー都市にしようと思っているのです。ですから、いつかは夢を実現させて麻生先生にギャフンと言っていただいて、恩返しをしたいと思っています。


ちなみに、後日知ったのですが、実はこの2日前の9月15日に、安倍《あべ》総理と麻生副総理は誕生日が1日違いということから、一緒に誕生日のお祝いをされたのだそうです。そのお祝いの席でのこと。安倍総理が部屋に入ってくるなり、待っていた麻生先生は「自民党の反撃の狼煙《のろし》を福岡市長選からあげる！」と安倍総理に宣言したと聞きました。麻生先生は自民党の政権復帰へ向けて、その前哨戦《ぜんしょうせん》ともなる福岡市長選挙に相当の思いを持っていたそうです。

（誤解なきよう明記しますが、麻生先生と先に登場したお金を要求した議員とはまったくの別人です）

第2章

逆襲

数字と結果で流れを変える、
弱者の逆転戦略

認めてもらうためには、小さくても結果を出し続ける

それにしても、就任当初の「逆風」には、まいりました。

インタビューの際、記者の笑顔につられて素直に答えていたら、一部分だけを切り取られて、誤解を招きかねないように報じられることもしばしば。

たとえば、「市長になられてどうですか?」と聞かれて「やりがい、ありますよ。基礎自治体としての現場があって、かつ県並みの権限を持っている政令市の首長の仕事というのはやっぱり楽しい」と答えると、次の日の新聞の見出しはこうなります。

「市長、楽しい」

愕然《がくぜん》としました。ようするに「職責の重さをわかっていない軽い人」という印象にされてしまう。どう答えても悪意を持った切り取り方をされてしまうのです。

かつて福岡市の市長は、貫禄のある年配の方々でした。その延長上で市長像をイメージしている世代からすると、「こんな自分の子どもと同じような年のやつが」「しょせんはタ

レント候補だろ」という感じだったのでしょう。

会合に行けば、みんなの前であえて年齢を聞かれることも頻繁にありました。「市長おいくつですか?」「36です」「え? うちの息子と一緒だ。若いっていうのは一直線でいいですね。はっはっは」と。暗に「私はあなたのことは自分の子どもぐらいにしか思っていないよ」とマウンティングされるわけです。もちろん、不快感を顔に出すわけにはいきません。こちらも笑顔で返しますが、あらゆる祝賀会や式典などで同じような厳しい修行を経験しました。

そんなときこそ、心の中では「絶対に結果を出してやる」という気持ちになりました。くやしさを力に変え、福岡市を今よりも一歩でも前進させるために仕事をするんだ。そう決意させてくれたと考えると、この「修行」もいい経験だったのかもしれません。


実績のない若者が認めてもらうためには、まずは小さくてもいいから結果を出すことが大切だ、と考えました。結果を出さない限りは、何を言っても説得力がありません。

就任当初はとくに、ただガムシャラにいろいろな分野にチャレンジしていくのではなく、チャレンジを通じて「数字や結果を出すこと」に、トコトンこだわりました。

最初は何を言っても信じてもらえない。それは私が若いからです。若いリーダーはどんなに口先で夢を語っても、実現したいビジョンを語っても、実績がないから説得力がないのです。だから「結果」を出す必要がある。若い私にとって、信じてもらえる武器はそれしかありませんでした。

数字は嘘をつかない。だから数字で流れを変えよう

私はチャレンジを「成果が短期で出るもの」「中期で出るもの」「長期で出るもの」に仕分けし、同時並行的に進めていきました。

短期的に数字上の成果が期待できるものは、交流人口の増加です。

福岡市は第三次産業（サービス業など）に9割の人が従事している特徴的な産業構造を持っています。多くの消費者に福岡に来てもらい、お金を使っていただくことで街が潤います。そこで全国に先駆けて「Fukuoka City Wi-Fi」という無料のWi-Fiを繁華街やすべて

地下鉄の駅や観光施設で利用できる無料のWi-Fi「Fukuoka City Wi-Fi」

の地下鉄の駅、主要な観光施設、商業施設などに整備しました。

これは当時、香港の空港で無料のWi-Fiを利用したことがきっかけでした。日本の公共Wi-Fi整備の遅れに危機感をもって、私の最初の選挙の公約に公衆無線LANの整備を明記していたのです。ちなみに2010年当時の市役所の幹部職員は誰もスマホを持っておらず、「Wi-Fiと言ってもなんのことか理解されない状況でした。

また、観光のシンボルとしてオープントップバス（屋根のない2階建てバス）を導入し、それまで閑散としていた市役所1階のロビーをリニューアルし、九州全体の観光情報コーナーを作りました。

ちなみに市役所には、カフェも整備して、障がいのある方やボランティアの方が活躍できる空間を作りました。市役所とはいえ、繁華街のど真ん中にある付加価値の高い空間です。それを利用しないのは大きな無駄だと私には見えたのです。

実際、リニューアル後の利用者の平均は、平日で4・2倍の1日あたり6400人に増加し、休日は6・5倍の1日あたり4200人と大勢の方が利用する場所となりました。

一等地にもかかわらず毎日鳩が日向ぼっこをしているだけだった市役所前の広場は、年間1000万円で民間に貸し出すことにしました。今では、毎週末に多種多様なイベントが開催され、多くの人で賑わうとともに、市には毎年収入が入るようになりました。

たくさんの観光客を乗せてくる、クルーズ船の誘致にも力を入れました。

政令指定都市である福岡市の場合、博多港の港湾管理者は「県」ではなく「福岡市」なので、港の整備からクルーズ船の誘致までを国と連携して行ないます。私は、全国の港湾管理者と国土交通省と一緒に「全国クルーズ活性化会議」を設立。その初代会長に就任し、海外から日本へのクルーズ船誘致や大型クルーズ船の着岸に耐えられる強度の岸壁整備などの取り組みを始めました。

国際コンベンションの誘致にも力を入れました。国際ユニヴァーサルデザイン会議やライオンズクラブの世界大会、フィギュアスケートのグランプリファイナルや世界水泳選手権など、人が集まる国際会議やスポーツイベントにも積極的に手を挙げて、経済界も一緒になって「オール福岡」で誘致活動をしました。

多くの市民のみなさんの努力、先人の努力の蓄積のうえに、このような新しいチャレンジを次々と行なうことで、就任の2年後には福岡市への観光客数は過去最高を更新しました。

また就任から3年間（2010年度から2013年度）で市税収入増加率が全国の政令指定都市で1位になりました。就任直前の3年間が11位でしたから大きな飛躍です。こうした成果をひとつずつ積み重ねていくことで、次にやろうとすることへの「説得力」を増していったのです。

「素人」という批判がある場合は、「玄人」と言われる人でもできないような結果を残すことではじめて、ものが言えるのです。

数字は嘘をつきません。数字が出れば、多くの人が少しずつ信頼を寄せ、若い私の言葉を聞いてくれるようになります。数字によって大きく流れを変えることができるのです。私が結果を出すことで、政治の門外漢であっても、別のジャンルの出身であっても、首長をやることはできるという証明になったのではないかと思っています。

国政とは異なり、予算権と人事権を直接選挙で選ばれた首長が握る地方は、国よりもスピーディーに物事を変えることができます。

あらゆる分野で変化が激しい時代ですから、既成概念にとらわれず、変化に柔軟な若い市長や知事が全国で増えていくことを私は期待していますし、そうなったときにこの国は大きく変わるのではないかと思います。

政治の世界に限らず、どんどん若い人が意思決定層に入っていくべきです。ただ最初は、若いリーダーというだけで私と同じような目にあうことも多いでしょう。そんなときはまず小さくてもいいから、確実な「結果」を出すこと。冷笑されながらでも、信じたチャレンジを続けて、目に見える「数字」を示すことが突破口になります。私の場合、そこから徐々に流れは変わってきました。

悪口や批判に対しては鈍感力で対抗

結果を出すのと同様に「あまり気にしすぎない」ということも長くリーダーを続けるうえで大切です。

市長という立場は「デスゾーン」に近いという話をしました。このデスゾーンを生き抜くために必要なのが「鈍感力」です。ずっと悪口や批判を言われすぎて麻痺したというのもあるかもしれませんが、いずれにせよ、鈍感であることは自分を必要以上に追い込みすぎないコツなのです。

誤解のないように申し上げますが、もちろん一人ひとりの意見は大切です。ただ、ひとり残らず賛成していただくことは、現実的には難しいのです。「全員をよくする」のは極めて難しい。ですから「全員をよくする」というよりは「全体をよくする」ことを考える必要があるのです。

ある程度の人数までの組織なら、おそらくすべての人の意見をどうケアするか、それぞれ個別の対策が打てるでしょう。しかし、158万人もの市民がいれば、すべての人と考え方が一致するところまでは絶対にいかない。最後は不本意ながら一部の方には我慢していただくしかありません。

私は、常に「全員」と「全体」という考え方の整理をします。

福岡市を考えていくうえで「全体」をよくしていく、ということを考えているのです。市長になって8年が経ちましたが、この「全体をよくする」という大義が私の行動の支えでしたし、常にこの大義を高く心の中に掲げることで、さまざまな意見にいたずらに振り回されず、精神の安定が保たれたと思っています。

多くの大切な決断をするリーダーにとって、精神状態を健康に保っておくことはもっとも大切です。私がいまだに元気に夢を語れているのは、「全体」を意識して細部にはいたずらにとらわれすぎない、ある意味での「気にしすぎない力」「鈍感力」のおかげかもしれません。

「全員」を意識すると動けなくなる

政治家がリスクを負わず、安定した行政運営をしているように見せる方法がひとつだけあります。それは「何もしない」ことです。

逆に言うと「何かをする」つまり「仕事をする」ということは、現状を改善しようとすること、変化を促そうとすることに他なりません。

それは8割の人が喜んでも、2割の人が嫌だと思うことかもしれない。「ほとんどの人」に喜ばれることはあっても、「全員」が喜ぶ、「全員」に好かれる完璧な施策などというものはありません。

また、30年前には妥当であった施策も、時代が進めば社会環境も変化し、市民から求められるニーズも変わります。当然、行政施策も時代に合わせてアップデートが必要です。時代とともに施策の優先順位も変わりますし、たとえば、創設当時は必要だった補助金も減額、もしくは廃止することが妥当なケースも出てきます。とくにこのような決断は、補助金の交付を受けていた当事者からは大きな反発を買います。

何かを行なうと、その結果に納得した多くの方は「サイレントマジョリティー」になりますが、納得できない人は大きく声を上げることになります。もちろんマスコミが取り上げるのは納得できない人の声ですから、何もしないほうが一見、「失点がない」ように見えるのです。

チャレンジする首長より、表敬訪問の記念写真を撮ったり、地域の会合があると聞けば足を運んであいさつばかりしている首長のほうが「失点がない」「安定感」と評価されるのが多くの地域での現実でもあります。

まちづくりで「絶対にこっちのほうがいい」という完璧な案があるのであれば、政治も行政も必要ありません。現実にはそんなことはありえない。よって、リーダーができるだけ早く「全体がよくなる」ための決断をすることが必要なのです。

そして、その決断によって起きるデメリットへの対応に、すみやかに残った時間を使っていくのです。「決断をしない」というのがいちばんよくないのです。

放っておいても経済が右肩上がりで豊かになっていく時代であれば、何もしない市長、何もしない経営者でもよかったのかもしれません。しかし、少子高齢化や産業構造の大きな変化で、今は放っておいたら沈んでいく状況なのです。

どういうリーダーを選ぶかはそれぞれの地域の市民に委ねられています。自分の街はどんどん元気がなくなっていく、と嘆く市民ほど、実は前回の選挙でこれまでと同じ人に投票しているのではないでしょうか。だとすれば、結局、市民自身が街の流れを変えようとしていないと言えるのかもしれません。


「全員」と「全体」を考えることと同時に大切なのは、「平等」と「公平」を区別することです。

熊本地震で避難所の運営支援を始めたとき、こんなことがありました。支援物資が届いたので、すべての方に「平等」であるよう配慮しながら、支援職員が体育館の真ん中に物資を置きました。そして物資を並べ終わったところで、避難されているみなさんに自主的に取りにきていただきました。

ところが、体が思うように動かず物資を取りに行けない高齢者や、赤ちゃんを抱っこしていて物資を取りに行けないお母さんがいることに、ある女性が気づいたのです。

みんな「平等」になるように、よかれと思って真ん中に置いたものの、そこから先は強者優位の競争社会になってしまっていたのです。必要だったのは「弱者への配慮」であり、「平等」ではなく「公平」だったのです。職員には決して悪意があったわけではありません。もう一歩の配慮が足りなかったのです。

何事も完璧は難しいかもしれませんが、スピーディーに全体をよくすると同時に、「公平」に配慮して「公正」の実現を意識することが大切なのです。

「部分最適」ではなく「全体最適」で決断する

町内会や敬老会、運動会、各種団体や企業の周年式典など、市内では連日なんらかの催しものが行なわれています。市長や知事がそのような会に出席してお祝いを述べれば、大変喜んでいただけることと思います。

ただ一方で、市長へ出席依頼があるこれらの行事に全部出席して、連日時間を費やしていたとしたら……。それは市全体にとって、市民にとって、本当によいことなのかどうか、ということも考えなければなりません。

「部分最適」と「全体最適」という考え方があります。福岡市内には現在144の小学校区があり、町内会の数は2000をはるかに超えます。あるひとつの校区だけ、町内会だけのことを考えれば市長が直接出席することはプラスかもしれません。

しかし、市長の全体としての業務を考えれば、そこだけに大きな時間を割くことがいいとも言えないのです。そういう理由で、私は、このような運動会や各種団体の祝賀会などへの出席依頼は、ほぼすべてお断りしています。

賀詞交換会などもほとんど行くことはありません。市長が新年に明るいメッセージを発することは、その会場の参加者にとってはいいことでしょう。しかし、個別の会合に出席しても福岡市政への影響は限られています。また1月の賀詞交換会の時期は、ちょうど役所内部で予算査定を進めている時期です。

158万市民のみなさんへの新しい年のメッセージは、マスコミやSNSを通じて届けることもできます。新年度の市の方向性を決めるための予算査定にしっかり時間を取るほうが福岡市全体にとってはプラスだと私は考えているので、そちらを優先するのです。

同じ理由で、私個人への面会も基本的にすべて断っています。

実際に、毎日数多くの企業や個人から役所の部署や秘書課を通して面会の申し込みがあるようです。突然知らない方が私個人のＳＮＳに面会を要望してくる場合もあります。

しかし、企業や個人の意見を市役所として受けるのは、あくまでそれぞれの担当部署の仕事です。個別の案件については、普段から賛成反対の両論、そして過去からの経緯や他の施策との整合性を考えている役所の担当部署にしっかり行政としての判断をしてもらうことが大切です。市長としては、より大きな政策判断にしっかり時間を使うほうが福岡市の「全体最適」にかなうと考えているのです。

もちろん本当に市長が直接会うべき理由があると担当部署が判断した場合は、きちんとアポイント調整をさせていただいています。ときには「別の市長や知事は簡単にアポイントが取れたのに」「次の選挙は支援しないぞ」と立腹される経営者の方もいらっしゃいますが、そのような方は仕事の優先順位が私と違うのでしょう。

行政は民間と違い、予算案を年に一度作れば、あとはしっかりと議決された業務を進め予算執行していくことが大切な仕事になります。行政としての仕事は、副市長以下、担当の部局でしっかり進めてもらいます。

こうすることで、市長の私は精神的にも肉体的にも常に余裕が生まれます。私はこの「余裕」が極めて大切であると考えています。リーダーとしてもっとも大切なことは、常に冷静に判断する精神状態でいることだからです。

頭と体の作業スペースに空きを作ることで、世の中の最先端の動きを学ぶ時間も持てますし、緊急の事態にも柔軟に対応できるようになります。時間の使い方の優先順位をきちんと決めることで、自分が必要であると判断したところにしっかりと時間を使えるよう意識しています。

リスクをとってチャレンジする人のために時間を使う

私はプライベートで会食の予定はほとんど入れませんが、応援したい若いスタートアップ企業の人たちとはお会いする時間を作る努力をしています。

年配の方に会いたくないというわけではありません。市長の任期4年間の限られた時間の中で、政治家として同じ1時間を使うのであれば「この1時間で人生が変わる」「この1時間で大きく勇気づけられる」と思ってくれる人のために使いたいのです。

「誰に時間を使うか」は政治家にとって大変重要な問題です。私が経験豊富な大企業の幹部と会っても、その方の人生が変わるということは、ほぼないでしょう。一方で、リスクをとってチャレンジしている若い人たちには「世の中を変えたい」「なんとかしたい」という、ほとばしる情熱があります。「新しい技術や商品、ビジネスモデルで世の中を変えていくんだ」という熱い思いはあるけれど、経験や実績、販路、資金などは持っていない。社会的な信頼もない。そういう若い人たちに私が時間を使うことが、彼らにとって大きな心の支えになるのではないかと思うのです。もちろん、私自身、若い人たちから学ぶことも多々あります。

自分の限られた時間は、未来を大きく変える可能性を秘めた人たちのエンパワーメントのために使いたい。今回の自分の人生においてはそういう人と一緒に未来に向かってチャレンジしたいし、市長として後押しをしていきたいのです。

私の命のバトンは、いずれ次の世代に引き渡されます。しかし自分が命のバトンを持っているあいだは、少しでも世の中を前に進めたい。影響力のある市長という立場を預かっている期間はとくに限られた時間を大切に使っていきたいのです。

ふだん直接声を聞けない人たちに時間を――声なき声を聞きに行く

2期目の選挙では、他の候補者があまり行かないような公営住宅や団地、奥まった場所にある家などを中心に演説をしました。

選挙という市内各所でマイクを使って遊説できるチャンスを活かして「ふだん直接声を聞けない人のために時間を使いたい」と思い、あえて多くの人が集まらない場所、公務でも行く機会のない場所を回るようにしたのです。

ある公営住宅に行ったときの、印象に残っているエピソードがあります。

私は、演説したい気持ちになったところで自由に車を停めて演説していました。話していると、マンションの上の階から手を振ってくれる人がいたり、握手するために下りてきてくれたりする人もいました。

ある団地で演説を終えたとき。最後の人と握手し終わって、次の場所に行こうとしていると、遠くから走ってくる人が見えました。近づいて来られてわかったのですが、その方は知的障がいのある方でした。

「こんにちは」とあいさつをしました。その方は「よかった、間に合った。うちの息子がね、就労支援センターに行っていて、就職が決まったの」と言います。私は「そうですか。よかった、おめでとうございます」と答えながら「ということは、息子さんも障がいのある方なんだな」と思うと同時に「この方は一生懸命走って来られたくらいだから、何か要望があるのかな？」とも思いました。「生活が大変だ。市としてこういう施策をしてほしい」などと言われるかなと想像したのです。

ところがその方は、最後までなんの要望も口にしませんでした。それどころか「ああ、会えてよかった、あんたががんばってね」と励ましてくださったのです。なんの要望もなく、ただ「がんばってね」と伝えるためにわざわざ走って出てきてくれたのです。

自然体でさまざまな場所に行って演説することで、選挙のときだからこそ出会える人たちがいます。「この人たちに幸せになってもらえるように、この人たちを守れるように、自分は強くなりたい。そして全力でがんばって福岡市も強くしなければ」という気持ちになるのです。

私が市長になってから8年。福岡市は強くなりました。税収も全国の政令指定都市で唯一5年連続過去最高を更新中。都市のさまざまなプロジェクトが動き始め、人やお金が集まるようになりました。「全国でもっとも元気のある都市」と言われるようにもなりました。

そうしたなかで平成30年度予算では「成長の果実をあらゆる人に」というテーマを掲げ、福祉分野に新しい予算を振り分け、新たな施策をたくさんスタートすることができました。医療的ケアが必要なお子さん、認知症の方、不妊に悩んでいるご夫婦、性的マイノリティの方への支援などです。

予算の発表会見では「福祉についてどういった思いがあるのでしょう?」という質問を受けました。そのとき「公営住宅であの方を前に誓ったことが少しずつ実現できているんだな」という思いが込み上げて、一瞬その出会いのことを話そうかと思いましたが、その場で言うのは止めました。そして、心の中で「選挙で会ったあの方を守れるように、もっと強くなりたい」と決意を新たにしたのです。

規制は既得権者を守る「砦」になることも

今は時代の変革期です。新しいテクノロジーやビジネスモデルが続々と生まれています。しかし日本では、社会や制度が窮屈に固まってしまっていて、それらを取り入れる「すき間」がありません。制度疲労を起こしているのです。

新しいテクノロジーやビジネスモデルを行政が理解し、積極的に取り入れ、環境整備をすることは、社会にとって大きなメリットをもたらします。

ただ、新しいことを取り入れるということは、これまでの仕組みを打ち壊すことにもつながります。よって新しい取り組みは、間違いなく既得権者からの反対にあいます。彼らのライバルを市場に入れることになるからです。

「規制」とは「安全を守る」という点で大義はあるのですが、一方で「新しい発想やイノベーションを阻む壁」となって、既得権者の利益を守る一種の「砦《とりで》」の役割を果たしていることも事実です。規制をすることによってイノベーションが阻まれ、競争のない環境で既得権者が市場をずっと独占してきたのです。

既得権者は、組合を作って発言力を高めたり、選挙運動に協力して議員を支援したりすることで行政組織に圧力をかけ、制度や規制が変えられないように取り組みます。

会社やそこで働く社員を守ろうという動機は理解できます。ただ、生産性を向上し、社会課題を解決し、持続可能な社会に変えていくには、そこを突破しなければならないのです。

日本ではこれからさらに高齢化が進み、人口が減っていきます。一方で、中国をはじめとするアジアはイノベーションの社会実装に積極的で、急速に生産性向上が進んでいます。日本が日本人どうしの揉めごとに時間を使ってもたもたしているあいだに、世界が激変し、気づけば「浦島太郎」になってしまうのではないかと危惧しています。「安全を守るため」という規制のために国が沈没しては笑えません。

一定の安全をきちんと担保しながら、イノベーションを社会に実装していく。国には期待しますが、他者に「べき論」を期待しても何も変わらないでしょう。国家戦略特区に選ばれている福岡市としてもその意識を強く持って、自分たちにできるチャレンジを続けていきます。

顧みて恥じることない足跡

ケガをおしてでも土俵に上がる横綱の姿をしばしば見てきました。それは力士生命を短くする行為かもしれません。「無茶をするな」という声も多くあるでしょう。しかし一方で「単に選手生命が長ければいいのか」という哲学もあります。

結局、横綱をはじめとしてプロフェッショナルが売っているものは「生きざま」であり「戦う姿」です。

それは政治家も同じでしょう。リングに上がって殴り合いをしたくないなら、ボクサーをやめたほうがいいのと同じで、批判をされたくないなら職業としては政治家を選択しないほうがいい。もちろん闇雲にケンカをするのではなく、闘いはここぞというときだけです。

毎日、朝起きると自分の前にはふたつの道があります。右に行くか、左に行くか。その1日の決断だけで大差はつかないけれど、1年365日の「右に行く」「左に行く」「右に行く」……という判断の積み重ねが今の自分のいる場所になります。

私は時折、自分を物語の主人公に見立てて「この主人公にここでどういうセリフを言ってほしいか」「この主人公はどういう決断をしたら、多くの人が共感してくれるのか」を想像して、自分の実際の行動や判断の参考にしています。

つまりいったんは地上にいる自分の立場を離れて、「鳥の視点」で俯瞰して「こちらのほうがいい」という決断をするのです。

「虫の視点」で、つまり地上にいる自分の目でリアルに山積する課題や困難を見てしまうと、安易な道を選びがちになってしまうからです。

五木ひろしさんの「山河」という曲に「顧みて、恥じることのない足跡を山に残したろうか」という歌詞があります。
繰り返すことのできない人生だからこそ、それを振り返ったときに後悔をしないため、私はときどきこの歌詞を思い出します。

弱者が強者に勝つための秘策とは

市長に当選するまでの13年間、アナウンサーとして、とてもやりがいのある仕事をさせていただきました。それは今でも私の大きな誇りです。

いちばん長く担当していたのが「アサデス。」という朝の番組です。キャスターになった初年度は視聴率が連日4%から5%台で、全局中4位や5位と低迷していました。他局を見ると、TBS系列は当時絶好調だった「みのもんたの朝ズバッ!」、フジテレビ系列は「めざましテレビ」など強豪ぞろい。地方の局には到底マネできないキャスティングの番組ばかりでした。

その中で比較にならないほど予算の少ないローカル局が戦わなければいけない。もちろん簡単に勝てる相手ではありません。そこで弱者がどう勝ち上がっていくかを番組のプロデューサーやスタッフと徹底的に考えました。

視聴率を上げるために私たちがまずしたことは、徹底的に視聴率データを分析することでした。毎朝8時45分に発表される「視聴率の毎分グラフ」を分析し、福岡の人がどういうものに興味があり、同じ情報でもどういう出し方をしたら見てもらえるのかを徹底的に研究しました。

新聞記事を取り上げるにしても、単純に一面から紹介すればいいわけではありません。「福岡に住む人は、どのニュースのどのポイントに興味があり、共感するのか」

福岡ソフトバンクホークスの話題であれば、ホークスのどの選手をどういう角度から扱えば数字になるのか、視聴率グラフの分析をもとに、同期入社の川崎浩司《かわさきこうじ》プロデューサーと連日トライアンドエラー（試行錯誤）を繰り返していました。

たとえばポップコーンの話題を取り上げるとします。このときにいきなり「天神でポップコーンが流行っています」と伝えるよりも、より数字を上げる伝え方があります。

それは「今ニューヨークで最先端のこんなポップコーンが流行っています。そして、天神でも……」というように、他の都市の例を前に入れることです。

ほかにも福岡の視聴者の特徴を多く見つけました。福岡の人は福岡をほめられることが大好きなので、福岡への批判記事は反応が悪い。スポーツの話題では、野球よりもサッカーのほうが残念ながら視聴率の反応が悪い。くやしいですが、サッカーはW杯のような試合ですら全国と比較すると、福岡地区では相対的に数字が落ちるのです。ですから、サッカーの場合はさらにひと工夫して放送する必要があります。

このような知見から仮説を立て、実際の放送で試してみて、翌日のグラフで検証します。すると「やはりここで上がっている」「なぜかここで下がっている」などということがわかります。

毎日毎日、真剣にこのトライアンドエラーを繰り返すことで、2年目からは連日、視聴率が10%台になり、4位だった視聴率は1年間で1位を取れるようになりました。

視聴率という数字を「ものさし」にして、プロデューサーやスタッフと番組の修正を繰り返していくことで、私たちのチームはきっちりと結果を出すことができるようになったのです。

福岡独自の関心事やリアクションの予測ができる。これは、市長になった今でも政策立案や市民のみなさんとのコミュニケーションにおいて、とても大きな財産となっています。また、「アサデス。」で経験を積んだことで「地方の番組に求められるものは決して東京と同じではない」ことを知ることができました。そして「その違いを分析して勝負すれば、予算などで圧倒的に劣っていても、東京や海外などの巨大都市をも凌駕《りょうが》することができるかもしれない」と思えるようになりました。

福岡市が、人口や経済の規模が圧倒的に大きな都市と対峙《たいじ》しても、置かれた情勢を分析しターゲットを絞り込み、データをもとに戦略を練って果敢に挑めば、勝てないことはないと確信をもっているのは、このときの成功体験がベースになっています。

ネットニュースのコメントで世論をつかむ

市長になってからは視聴率データを見ることはないので、「Yahoo!ニュース」や

「NewsPicks」のコメントなどを参考にして「風を読む」ようにしています。

テレビや新聞の情報は誰か（具体的には報道デスクや編集長）の意志で編集加工された後に出てくるものですが、ネット記事のコメント欄は編集されていない生のデータです。もちろんそれは全国民の声ではないので、読み手側がメディア特性に応じて補正しながら読み解くことが必要ですが、ネットリテラシーが高い若い世代ほど、その編集前の生の情報から本質だけを見抜くことができます。

私の場合も、事件や事故、災害のニュースにつけられた一般の方のコメントを流し見しています。すると、多くの人が共感をしているコメントはどれかが見えてきます。

ただ、中には極端な意見や単に個人的な不満を吐き出しているだけの意見も交ざっているので、それは自分の中でさっとはじきます。すると、なんとなく世間の真ん中あたりの雰囲気がつかめてくるのです。

場合によっては、コメント欄のほうが記事の内容以上に説得力があり、参考になることもあります。そうやって自分の感覚を補正していくのです。

コメント欄を見るポイントは、あくまで、流し見で、薄目で、ふわっと見ること。一つひとつにとらわれるというより、あらかたの雰囲気と真ん中をつかむことが重要です。全体の雰囲気をつかむ、市民や国民がどう考えているかをざっくりつかむというのは、市政を進めていくうえで、大変参考になります。

自分の命は、役割があるところに導かれる

はじめて「選挙に出る」と言ったとき、まわりの人に心配されました。せっかく放送局の正社員でキャスターまでしているのに、もし選挙に落ちたら無職になる。万が一の場合はどうするつもりなんだ、と。

もちろんその可能性もあったでしょうが、私にはリスクをとることが怖いという感覚があまりありません。それは、自分の命は役割があるところに導かれるだろう、という確信めいたものがあるからです。もし落選したとしたら、導かれるべき場所は、政治家ではなかったというだけ。おそらく次に、別の道に導かれて、そこで力を尽くせばいいだけのことです。

なげやりと思われるかもしれませんが、これは決して「なるようになるさ」という行き当たりばったりのような意味ではありません。どうぞ私の命をこの世の中のために使ってください、という感覚なのです。私の居場所はどこでもいい。私に役割があるのであれば、運命がその役割に私を配置するでしょう。その置かれた場所で、全力を尽くすのみです。

学生時代、日本中東学生会議というインカレサークルで委員長をしていたことから、エジプトの学生たちとも交流していました。

彼らは、翌日の約束をするときに、天を差しながらアラビア語で「インシャアッラー」と返事をします。これは「もし神様がのぞむなら」いう意味です。はじめて聞いたときは、約束が守れなかったとしたらごめんね、という軽いニュアンスの言葉かと思っていました。でも、そうではありませんでした。

イスラム教では、「自分たちの未来を自分たちの意志でコントロールできるというのは思いあがりである」と考えるのだそうです。運命に導かれるようにして生きてきた今、その言葉の意味がよくわかるような気がします。

たとえ自分の意志があっても、未来はどうなるかわからないもの。今日と同じように明日が来ることも本当は約束されていません。だから、明日死ぬかのように今日を生きる。野心を持って未来の構想を描くより、今日を後悔しないように生きる。それしかないのです。

第3章 決断

スピードと伝え方が鍵。
有事で学んだリーダーシップ

決断こそリーダーの仕事である

「決める」というのは、リーダーしかできないことです。

首長は、4年に1回、選挙があります。リーダーとしての判断が間違っていたら、市民には「落選させる権利」があります。だからこそ、首長には「決める権利」があるのです。「この人の判断は違う」と市民から思われたら、きちんと処断される場所がある。責任はそういった形でとります。だから、その権利がある人が決めることが社会のルールで認められているのです。

私は、就任してすぐに、長いあいだ福岡市で問題となっていた「こども病院移転問題（後述します）」や「屋台の消滅問題」に道筋をつける決断をしました。

もちろん賛否両論ありましたが、この決断はリーダーがやらなければいけません。

また災害の対応がその最たるものですが、決めることが政治家としていちばん大切な仕事だと考えます。想定外な事態が次々に起こると、法や条例を根拠に動いている公務員はピタッと動けなくなってしまうからです。そんなときこそリーダーである首長の出番です。首長は自分の決断に基づいて行動し、選挙によって責任をとることができるからです。

行政の職員には選挙がありませんから、責任のとりようがありません。首長も一つひとつの判断に対して、毎回選挙があるわけではないですが、少なくとも4年に1回は、市民からのジャッジメント（審判）がくだされます。再選か落選か。いずれにせよ潔く自分の責任をとることができるわけです。

プロレスから学んだ納得感の作り方

決断するときに大切にしなければならないのが「納得感」です。

私の決断や市の決定を、きちんと市民のみなさんに伝えること。できる限り誤解のないように伝えて、納得していただくこと。これは行政としての大切な役割です。

こういうとき、やはりマスコミの力は大きいものです。ですから、行政も「何を伝えるか」だけではなく「どのように報じられるか」というところまで考えておかねばなりません。

とくにテレビの場合は「わかりやすい画《え》」が必要です。流すべき映像がないと、ニュースとして取材されにくい。これは前職の経験から学んだことです。

「Aさんの意見もちゃんと参考にしています。Bさんの話も聞いています。そして、悩みました。メリット、デメリットあるなかで、これに決めました」という、明快なプロセスを伝える。丁寧に「熱を伝えていく」ということが大切なのです。

こんな例がわかりやすいかもしれません。

福岡ヤフオク！ドーム（福岡市中央区）で「総合格闘技」の大会をするとします。

格闘技に詳しい方ならご存じでしょうが、人が本気で相手をつぶそうとするとどうしても「寝技」になります。立ったままの蹴りやパンチのような派手な格闘の時間はそう長くありません。試合の大半が寝て関節技を決めるような展開になり、最後は「ギブアップ」で終わります。

もしあなたが観客として会場の後ろのほうで見ていたとしたら、何が起きたのかわからないでしょう。ゴングが鳴って「勝者、〇〇！」と言われても大型ビジョンなどを見なければ「え？　今どうやって勝ったの？」と納得がいかないかもしれません。

では、「プロレス」ではどうでしょうか？

プロレスは、一つひとつの技の動きが大きくてダイナミックです。しかも、技を決められたときはその痛さが、レスラーのリアクションから伝わります。だから、後ろの席でもリングで何が行なわれているのかがよくわかります。

もちろんプロレスは、体じゅうミミズ腫れになるほど痛いですし、実際に命を落とす危険のともなうスポーツです。そのなかで、真剣に技を仕掛けたり、受けたりする一方で、観客の視線も踏まえたうえでの「伝わる工夫」ができるレスラーは、お客さんを呼ぶことができる本当のプロのレスラーです。ファンが心底、感情移入できます。

ただ技をかければいい、ただギブアップが取れればいい、ということだけでなく、痛みや喜び、苦しみ、葛藤といった感情が伝わるレスラーこそが一流なのです。さらに「人生」まで伝えることができるレスラーは超一流です。

プロレスは、このわかりやすい動きによって勝敗がはっきりとわかり、ファンから共感され勝敗に納得してもらえるのです。

行政の出身者が市長や知事になると、多くの場合、総合格闘技のように試合を決めてしまいます。つまり、多くの観客は何をしているのかわからない。きちんと手続きを踏んでいるのかもしれないけれど、本当に内部を知っている玄人以外は、首長や行政が何をしているのかよくわからないのです。

私は、行政のプロであるならば、今、行政が何をしようとしているのかを市民がわかるようにする工夫も大切だと思っています。マスコミを通して伝わりやすいようにテレビでの「画づくり」を意識したり、ＳＮＳを活用したりしながら市民に伝える工夫をする。そうでないと、最後のゴングが鳴った後の納得感が生まれないのではないでしょうか。

プロレスは説得力が大切です。どうして今の技で決まったのか、ということをみんなが理解できる。だからレフェリーは、みんなが納得のできるスリーカウントをとれるのです。

私が市長になって決断してきたプロセスというのも、総合格闘技的ではなく、できる限りわかりやすく、納得感を持っていただける形で進めてきたつもりです。

プロセスを丁寧に「見える化」する

ひとつ例を挙げましょう。

就任当初、「こども病院」の移転問題という難問がありました。

福岡市立のこども病院というのは、全国に数ヵ所しかないような新生児や乳幼児など、小児専門の高度専門医療機関です。岡山より西には福岡市にしかありません。

広い地域のニーズに対応することから、通常は国立や県立であり、市立のこども病院を運営しているのは福岡市が全国でも唯一です。それくらい福岡市の先人は、子どもを大切にするまちづくりを考えていたのです。ただ、この病院は老朽化が進んでいました。よって、早く建て替えないといけなかった、それを、今の場所で建て替えるのか、新たに埋め立てた別の場所に移転するかで、大問題になっていたのです。

少し前に、東京都で話題となった「築地市場の豊洲移転問題」に構図は似ています。この問題が、福岡市では選挙のたびに議論を巻き起こし、二度も市長を代えるきっかけともなった大きな争点でした。

私が市長になる少し前には「建設地を検討するときの資料を行政が恣意《しい》的に作ったのではないか」という疑惑が生じ、マスコミをおおいににぎわせていました。市の職員だけで都合のよい結論を導いたのではないか、というのです。

市長に就任したときは、この問題に半年で結論を出さねばならないという局面でした。

私は決断する材料を集めるために、関係者の話を直接聞くことにしました。

それも関係者を役所に呼びつけるのではなくて、あえて現場に足を運び、その会話はマスコミにもすべてオープンにしました。埋立地についての理解を深めるため、九州大学に行って地震や地盤の専門家に話を聞いたり、こども病院に行って医師に話を聞いたりしました。連日テレビカメラや新聞記者がついてきます。

すると、日々のニュースを通して、市民のみなさんにきちんと「プロセス」が見えます。専門家に話を聞き、医師の話を聞き、そのたびに必死に考える。どちらの意見にも一長一短がある。こうして、経緯のひとつずつをオープンにしながら、検討を進めていきました。

すべての会議を動画配信し、ネット上に記録をアップ

また、行なわれたすべての会議を動画配信し、ネット上に記録をアップしました。これは、後日でも検証できるようにするためです。そこまでしたうえで、総合的に「こっちのほうがベターだ」という最終の結論を下し、その結論に至った理由も、これまでの動画を短く編集して自分の言葉で伝えました。

このやり方は、納得度を高めるうえで、とても効果がありました。実際に、結論を発表した翌日の夕方のワイド番組は、街頭インタビューで7割の市民の方が結論について「賛成」と伝えていました。

こうした手法は「パフォーマンスじゃないのか」と、当時はよく批判をされました。しかし同じ議論であっても、見えるところで行なうことで多くの人にその内容を伝えることができます。そういった工夫のできる人が、新時代のリーダーなのではないかと思います。

もちろん官僚出身で、「行政の知識」と「伝える力」の両方を兼ね備えた人は最強です。三重県の鈴木《すずき》英敬《えいけい》知事や前・武雄市長の樋渡啓祐《ひわたしけいすけ》さんは、国の制度に精通しているという官僚経験者の強みを遺憾なく発揮されると同時に、市民のみならず全国への発信力もある。両方の強みを兼ね備えた稀有《けう》なリーダーとして、地域の発展を強力に牽引《けんいん》されてきました。

いずれにしても、首長が「行政の延長線上のトップ」ではなく、「プロのリーダー」であるためには、こうした伝える工夫、努力というのはとても大切なことだと思っています。

ちなみに、福岡市ではこうした「見える行政」を続けてきた結果、就任直前の２０１０年に41％だった信頼度調査の結果は年々上昇を続け、２０１７年には過去最高の77・7％にもなりました。

発信力を上げるためには、シンプルに伝えることが大切

私がこれまでの市長と違うのは、文章ではなく、視覚的な説明を重視していることです。また、無駄な言葉をそぎ落としてシンプルに説明することも大切にしています。枝葉の部分は極力そぎ落とします。

私はＦａｃｅｂｏｏｋを使って個人としても発信しています。すると、一部からは、そういうのは市のＦａｃｅｂｏｏｋでやればいいじゃないかという意見も出ます。なぜ、私が市の公式ＳＮＳだけではなく私個人のＳＮＳでも発信するのか。それには理由があります。

市として発信するときは「正確な情報を、過不足なく、どの世代の人にもわかるように」すべて網羅しなければいけません。しかし、そうなると、実は発信力は弱くなってしまうのです。こういう場合はこう、もしこうなったらこうという、詳細が多くなればなるほど、伝播力はなくなっていく。

しばしば発信力はキャラクターが大切だと言われますが、私はそうではないと思っています。高島市長は元キャスターで顔が知られているから発信力がある、というわけではありません。もちろん知名度があればなおいいでしょうが、顔が売れていることと発信力があることは別の話です。

逆に言うと、どんな人であっても発信力を上げることはできる。そのポイントは「いかにシンプルに言うか」につきます。シンプルさこそが、発信力を上げる鍵なのです。

たとえば、あるニュースをテレビで取り上げるとします。あたりまえですが、その時間にテレビを見ていなかった人には届きません。しかしシンプルな言葉であれば、テレビを見た人は、その言葉を別の人に伝えることができます。テレビを見ていなかった人にも伝わる。これが伝播力であり、多くの人に伝わる発信力なのです。

行政としてきちんと発信しようとすると「シンプル化＝そぎ落とし」はできません。「ようするに」「ざっくりと言えば」「ひとことで言えば」といった伝え方ができないのです。

行政における特徴的な言葉が「など」というワードです。網羅するうえで便利なワードなので、行政職員は「など」と書いて安心します。無理もありません。行政では「全部言わなきゃいけない」「過不足なくやらなきゃいけない」からです。

ニュースにもなった博多駅前の道路陥没のときにも、行政としてはすべての情報を発信することが求められました。

「どの町の何丁目で何が起きたのか」。そういうとき「ようするに」「ざっくりと言えば」といった表現はできません。「○○付近では」も混乱を招くという理由でダメです。行政がこういう発信の仕方をすると「付近ってどこだ?」という話になるからです。そこを大胆に咀嚼《そしゃく》できるというのが、個人での発信の強みになるのです。

私は、あらゆる情報をざっと流し見したうえで、今、市民は何を知りたいのかを探り、行政側にある多くの情報のなかから、今みんなが欲しがっている答えをピックアップし、咀嚼し、短くシンプルに伝えます。だから、発信力があると言われるのです。

360度、全方位から批判される決断もある

福岡名物の「屋台」。

戦後の混乱の中で路上に簡素な仮設のお店ができたのが屋台の始まりで、現在でも博多の名物風景として多くの人に愛されています。

しかしその屋台をめぐって、ある問題がありました。

福岡市の屋台は全国にある「屋台村」のように、1ヵ所に集まっているわけではありません。百貨店がたち並ぶ街中や歓楽街の川沿い、さらには一般住宅近くの路上にも点在しているのです。日が暮れると現れる屋台の非日常な雰囲気は、多くの観光客にも喜んでいただけます。ただ一方で、路上にあるために騒音や悪臭などについて、地域の自治会やビルのオーナー、一般の店舗の方からの苦情も多くありました。

よって、1995年から福岡県警は、福岡県議会でこんな方針を示していました。

「屋台の路上での営業は、原則新規参入を認めない」

当時の屋台数は約220軒。その方針の下で福岡市でも屋台はいわゆる「一代限り」というルールができていました。その後、屋台は経営者の高齢化が進み、2010年には数が150軒まで急速に減少。一代限りですから、屋台はまもなく福岡市からなくなる運命にあったのです。

私は、長いあいだ誰も手をつけなかった、この「消えゆく屋台問題」に存続の道筋をつけたいと考えました。全国的に珍しいこの業態は、一度途絶えさせると再生は難しいからです。

私は、2011年に「福岡市の屋台は残すべき」という大きな方向転換の意思を議会で表明しました。そして、議会や有識者会議での議論の末、2013年には全国初の「屋台基本条例」を作って、屋台が周辺住民のために守るべきルールを厳格化したうえで、屋台の存続と新規参入を認める道筋をつけたのです。

具体的にはルール順守の点数化やその公表を行ない、衛生面などが大幅に改善されました。また、歩道が狭い場所や、車椅子や障がいのある方にとって通行しにくい場所は、別の屋台設置場所を確保して移動をお願いしました。

この屋台の適正化を受けて、2016年には初の「屋台公募」を行なうことになりました。これによって福岡市では、現在と同程度の100軒を超える屋台を将来も維持できることになったのです。新規参入した屋台の中には、さっそく行列ができているお店もあります。

しかし、この決断も批判されました。

屋台を迷惑に思っている地域住民からは「もう少し我慢しておけば一代限りでなくなったはずの屋台を残した」と言われます。通りすがりの女性から「屋台は迷惑だ、あなたはなんてことをしてくれたの！」と突然大声で苦情を言われたこともあります。

飲食店の組合をされている方からは、「自分たちは高額な家賃を払っているのに、繁華街の一等地を月5600円という超格安の賃料で借りている屋台は『既得権者』ではないか、不公平ではないか」という厳しい声もいただきました。

一方、屋台の営業者サイドからは「これからも営業できてあたりまえ。昔から使っている路上はうちの屋台の定位置」という意識ですから、「行政から新しくルールを押し付けられる筋合いはない」と言われます。福岡市の方針とは逆の「行政が屋台をなくそうとしている」というデマも流されました。もちろん行政の進める施策に賛成して積極的に協力いただけた屋台経営者の方もいらっしゃいましたが、それぞれ、そもそもの立場や議論の前提が違うのです。

何も残せなかった自分を悔いたくはない

賛成も反対もいる中で結論を出す。これは場合によっては、双方から恨まれます。

このような問題は、首長にとっても行政職員にとっても、自分の任期中、もしくは自分が担当部署にいるときにはできるだけ「見て見ぬふり」をして、争いに巻き込まれないようにするのが都合はいいでしょう。屋台の場合も、先人が決めた「一代限り」のルールにしたがっていれば、あと10年もすれば、そのほとんどが屋台経営者の高齢化とともに自然消滅します。わざわざ火中の栗を拾う必要はないのです。

ただ私は、批判を恐れず決断する道を選んでよかったと感じています。

100軒を超える屋台が、これからも福岡市の街に残ることになりました。たとえ廃業する屋台が出ても、屋台数の減少になるのではなく、公募制度によって意欲のある人が新しく屋台にチャレンジできる仕組みもできました。ＬＥＤのイルミネーションに輝く福岡市の中に、裸電球の人情味あふれる異空間が次世代にも残り続けるのです。

初めてのチャレンジで紆余曲折もありましたが、協力していただいた屋台組合のみなさんや大変なハレーションに耐えながら力を尽くしてくれた担当職員、そして屋台選定委員のみなさんなど、関係したすべてのみなさんに心から感謝をしています。

何も決めない政治家、仕事をしない首長は、不思議なことに評判がよくなります。そして安定します。それは「何も変えないから」です。今、力があって秩序を変えて欲しくない既得権サイドからは安定の行政運営と評価されます。

一方、何かを変えようとすると、かならずハレーションが起きます。

これまで守られてきた既得権サイドの方からはおおいに恨まれることでしょう。数ヵ月、ときには数年かけて、物事を変えていくプロセスは本当に大変です。途中でさまざまな立場の方からのプレッシャーもあり、その期間は1日1日がとても長く感じられます。

ただ、遠慮するほど人生は長くありません。逆に毎度プレッシャーに負けて途中でチャレンジを止めることを繰り返していれば、いずれ自分で人生を顧みて、何も残せなかった自分の足跡を自分で悔いることになります。そのほうがもっとつらいと思うのです。

かつてエジプトのカイロ博物館で見たように、私は（古代）エジプトの為政者《いせいしゃ》が自分の体をミイラにしてまで復活を望んだようにはなりたくありません。今回の「命のバトン」をつなぐ役割を全うした最後の瞬間に、自分で自分をほめてあげて目を閉じることがもっとも幸せな人生の終わり方ではないかと思うのです。

「決めない」は最悪の選択

繰り返しになりますが、リーダーは決断するのが仕事です。

そして、その決断はなるべく「早く」行なうことが大切です。

早く決断するためには、関わる人は少ないほうがいいでしょう。

「船頭多くして船山に上る」ということわざがあるように「あの意見を参考にさせていた

だきながら……」「この意見も参考にさせていただきながら……」などとやっていると、一向に物事は進みません。

たとえば、とくに選挙に不安の大きい候補者の中には、「すべての有権者」に迎合し、できもしないことを約束したり、主義主張がまったく異なる人や組織、政党からも支援や推薦を受けたりして戦おうとする人がいます。仮にそうやって支援を広げて圧勝してしまうと、当選後にあらゆる方向に配慮せざるをえず、ジレンマの中で身動きが取れなくなり、結果的に決断できなくなるのです。

A案とB案がある。どちらにもメリット、デメリットがある。さあどうする、というときに最悪の選択は「すべての支援者」に配慮して「決めない」「動かない」ということです。

決断しないことがいちばんの罪。決めずにずるずると先延ばしするよりも、なるべく早く決断をすることが大切です。

そして、その決断によって発生した悪影響をいち早く抑え込むことに力を注ぐべきなのです。変化の時代において、スピードというのはいちばんの付加価値です。そのためにも、やみくもに支援を求め、仲間の数を増やしていくのではなく、政治信念や政策の方向性を同じくする「同志」をひとりでも多く増やすことが重要です。その意味においては、「51対49」というのが、もっともよい勝ち方です。

福岡市のスタートアップ支援施設「Fukuoka Growth Next」には多くの都市が視察に来ています。今は日本で最先端の施設ですが、視察に来られた自治体がこれから同じことを始めるでしょう。今は先行者の優位性があるからといって、そのうえに胡坐《あぐら》をかいていれば、一瞬にして他の大都市にその座を持って行かれてしまいます。

福岡市は今、常に最先端でいようとチャレンジを続けています。先頭を走っているからこそ、東京や大阪のような大都市でないにもかかわらず、存在感を発揮でき、全国の優秀な人材に福岡市のプロジェクトに関わっていただけるのでしょう。

今持っている先行者の優位性は、少しよそ見をしただけで瞬く間になくなってしまいます。だからこそ「今できること」は、「今やらないといけない」のです。スピードは最大の付加価値。だからこそ、決断はなるべく早く行なうことが重要なのです。

博多駅前の陥没を最速で復旧

――ニュースが世界中の話題に

リーダーが決断しなければならない局面はたくさんありますが、とくに非常事態には最初の決断がその後に大きな影響を与えます。

2016年11月8日、博多駅前で大規模な陥没事故が起きました。九州の陸の玄関口である博多駅の真ん前に突如姿を現した直径30メートルの穴は、映画に出てくるような衝撃的な映像で、このニュースは瞬く間に世界を駆けめぐりました。「復旧に半年はかかるだろう」などと言われ、当初は長期化が心配されていました。

ただ、結果的にこの穴は1週間で何もなかったかのように元の道路に戻り、人も車も普通に通行できるようになりました。衝撃的な事故映像だっただけに、逆に復旧の早さも大きく話題になりました。南米を訪れていた安倍晋三《しんぞう》総理は、CNNがこの復旧の早さについて日本を賞賛しているのをテレビで見て、「誇りに思う」と私にメールを送ってくださいました。

博多駅前に突如現れた直径30メートルの陥没事故の穴

もちろん事故自体はあってはならないことです。事故が早朝だったため、幸いにして人的被害はありませんでしたが、多くの方にご迷惑をおかけしたことは、市政の最高責任者として申し訳なく思っています。

その一方、国内だけでなく、国際会議でも「福岡市は、あの陥没の対応で世界的にも賞賛された。ある意味では『ピンチをチャンスに変えた』と言えるが、あのすばらしい復旧が実現できた理由はなんだったのか？」とよく聞かれます。世界都市サミットという世界各国の市長が集まる会議で、私を含めて5人のスピーカーが都市のレジリエンス（回復力）について発表をしたのですが、発表後の質問タイムはすべて福岡市の陥没復旧の早さに対する質問でした。

私は、「地元の土木業者のみなさんをはじめ、県警のみなさん、そして道路の地下に埋設されている電気、ガス、通信、そして上下水道管などを管理している民間事業者のみなさんに普段の系列を超え、自社が抱えている当面の仕事をいったん横に置いてまでも、まさに『オール福岡』で復旧に協力くださったことに尽きる」とお答えしました。

普段、道路を見てもわからないのですが、その地下にはさまざまな埋設物があります。これらの埋設物の工事を異なる業者が同時に行なうことは通常ありません。ガス管の工事をしている横で、通信会社が作業をすることはないのです。ですから、復旧までの時間を考えるときには、さまざまなライフラインの、それぞれの工事にかかる時間をすべて積み上げて計算しなければならないのです。

有事と平時では異なるリーダーシップ

私は、関係各社のみなさんに現地での調整会議に集まっていただき、こうお願いしました。

「事故前に時間を戻したいと自分も思うが、それはできない。できることはいかに早く復旧するかだ。だから、ぜひみなさんの力を貸していただきたい。可能な限り迂回の経路を使う、作るなどしてまずは『仮復旧』をし、その後に『本復旧』するという二段階で作業をお願いしたい。世界がこの陥没のニュースを見ている。今こそ日本の底力を世界に見せましょう」

ひとり、またひとりと、「うちは迂回路を作るので2日あればなんとかなる」「持ち帰ってやり方を検討する」などの前向きな言葉をいただけるようになり、結果的に陥没からちょうど1週間が経つ直前に、道路の通行再開となったのです。

通常、信号機の手配も2週間はかかるのですが、福岡県警が他都市から融通していただき、すべてが1週間で復旧できたのです。

また普段はライバル同士の企業グループにもお互いに協力していただきました。セメントを積んで各工事現場に向かうはずだったミキサー車は「流動化処理土」に詰め替えて24時間態勢で陥没現場に大集合してくれました。このおかげで、3日で埋め戻しを終えることができました。

ちなみに流動化処理土とは、水の中でも固まるセメントが混じった特殊な土砂のことです。陥没した穴には地下水がたまっていましたが、水を抜くとまわりの地盤が崩れるおそれがあったため、そのまま埋め戻す必要がありました。普段はライバル企業として競争していても、「いざ有事になれば力を合わせて協力するぞ」という福岡市民の心意気が、あの早期復旧を可能にしたのです。

実は、この一連の復旧作業に入る直前にも、大きな決断を迫られました。

それは「原因究明の調査優先」か「埋め戻し優先」かという選択です。

テレビではコメンテーターの大学教授などが「埋めてしまえば原因がわからなくなる。まずはしっかりと状況を調査しないといけない」と持論を述べていました。たしかに正論ですから、そのような意見に世論も傾きます。

わずか1週間で復旧し、通行再開した博多駅前の道路

しかし私は、即座に埋め戻しを選択しました。ネットでは「原因を隠すために埋めているのだ」との批判もありました。しかし私が埋め戻しを選択したのは、もちろんそういった理由ではありません。二次被害を防ぐことを最優先にしたからです。

穴をそのままにしておくと、地下水とともにまわりの土が穴に流れ込み、さらに穴が拡大する可能性があります。陥没の影響で建物の基礎周辺の地盤がえぐられて、地下の鉄骨がむき出しになっているビルもある状況でした。さらなる被害を防ぐことを最優先にするなら、まずは埋め戻して復旧させることがもっとも適切と判断したのです。火災現場で、よもや火を消す前に「原因究明をしよう」とはならないですよね。

不幸中の幸いだったのは、地下鉄工事をしていた事業者の判断で、陥没の予兆を直前に発見し、すみやかに道路を通行止めにしたことで死傷者がゼロだったことです。このため現場検証の必要がありませんでした。これは、早期復旧に大きく寄与しました。

また、埋め戻しに使った流動化処理土は、セメント混合土ではあっても、通常のセメントのようにガチガチに固まってしまうのではなく、「後日、ボーリング調査で地下の構造を把握することができる程度の硬さ」という都合のいい特性を持っていたことも、埋め戻しの判断の後押しになりました。

有事と平時ではリーダーシップのあり方も違います。

有事の際に必要なスピード感のある判断には大きな責任がともないます。ですから、一定のご批判も飲み込む覚悟のうえで、責任をとれる政治家が迅速に決断することが不可欠なのです。有事には「トップダウン」のリーダーシップ、そして平時には、関係各所の意見をしっかりうかがって進める「ボトムアップ」といった使い分けが大切なのです。

36歳で平社員から1万人のリーダーに。年上の部下たちをどうマネジメントするか

自治体によって多少の違いはありますが、以下が福岡市役所の部署です。「総務企画局」「財政局」「市民局」「こども未来局」「保健福祉局」「環境局」「経済観光文化局」「農林水産局」「住宅都市局」「道路下水道局」「港湾空港局」「消防局」「水道局」「交通局」「教育委員会」「各区役所」……。この局の下部に、各局の仕事を細分化した「部」や「課」があり、今ではおよそ1万5千人の職員を抱えるのが福岡市役所です。

私が36歳で市長に就任したとき、全職員の平均年齢は43歳でした。もちろん部長級以上の職員は全員が年上。課長級でも全員私より年上という環境でした。

もしあなたが30代なら、自分の父親くらいの年齢の人たちを部下に持つことを想像してみてください。これはなかなか覚悟のいることなのです。

就任初期は困難の連続でした。私が出席した局長との会議の直後に、出席した局長が部

下に対して「あの市長の言うことは聞かなくていいから」「市長の意見は無視していいから」と言っていたこともありました。

職員として不安もあったでしょう。「あんな若い市長で大丈夫か？」「行政の素人の言うことを聞いて大失敗したらどうする？」という気持ちはわからないではありません。しかし、「言うことを聞かなくていい」とか「無視してよい」という局長の指示には、相当なショックを受けました。

たしかに私には、組織のマネジメントの経験もなく、キャスターではあったものの、放送局の社員としては平社員でした。

一般的に、昇進する、管理職になるということは、プレイヤーとしてではなくて、部下をマネジメントしながら最大の効果をあげることですから、意識と発想を大きく変えなければいけません。

1万人以上の人材の配置も大問題です。攻めも守りも得意という人はほとんどいませんから、それぞれの得意と不得意をどのように組み合わせて最大の成果をあげるかが大切になります。

往々にしてプレイヤーとして優秀な方は、部下にも同じだけの能力を当然のように求めますので、マネジメントが苦手な方が多いようです。

私自身も市長に就任したものの、最初はプレイヤーの意識が抜けなかったため、マネジメントを本当に理解し、実践できるまでになるには数年かかりました。

私はほとんど全員が「年上の部下」という環境でしたが、畏縮したり意見を言わなかったり、ということはありません。

結局、組織の中で認められるということは、「どれくらい仕事に対して真剣なのか」ということなのではないでしょうか。

もし、自分が手を抜いていたり、あまり考えていなかったりしたら、年上はおろか、年下にすら見透かされ、組織を動かすことはできないでしょう。しかし、誰よりも真剣に考えていれば、そもそも年齢や立場などはまったく気にならずに議論ができます。

また組織とはおもしろいもので、仕事の局面ごとに、「サムライ」のような職員が現れます。災害や事件が起こったときに、どこにでもいる普通の職員が、突然、その眠っていた危機対応能力を発揮し始めるのです。有事に本領を発揮する人材です。

たとえるなら、ふだんはもの静かにお城勤めをしているけれど、いったん緩急あらば刀や槍を持って立ち上がり、先頭に立って城を守るとともに、民の幸せのために奔走するような人物です。こういった頼りになる「サムライ」のような職員が、この8年間に同志としてひとりずつ味方になってくれたおかげで、今では攻めにも守りにも相当強い組織になったと自負しています。

自軍の戦力を見極めて、負ける戦いはしない

社会を見渡せば、課題はたくさんあります。身近な地域コミュニティの問題や健康、医療の問題。教育や雇用、高齢化、少子化、農林水産業の構造的問題。さらには、わが国の財政問題や国際関係の問題。最近では、民泊などのシェアリングエコノミーの問題もホットな話題です。

基礎自治体と広域自治体の両方の要素を兼ね備えた政令指定都市は、あらゆる課題の対処において、迅速に行動することができ、かつ市民にいちばん近い存在です。さらに、あ

りがたいことに昨今の福岡市のさまざまな新しいチャレンジなどの印象からか「この問題を福岡市から変えてほしい！」「国はなかなか動かないからチャレンジングな福岡市がすべきだ！」という声もよくいただきます。

ただ、「大胆に改革をすべきだ」と思う課題は社会にたくさんあれど、それぞれ見えている問題の部分は氷山の一角で、水の下には「変えたくない層（仕事やもめごとを増やしたくない官僚や利益に群がる既得権層など）」がしっかり根を張っています。

本気で改革しようとすれば、これらの勢力との全面対決になる。とても一筋縄ではいきません。正論を通すためにはとても大きなリスクをともないますし、猛烈に体力を消耗するのです。

「彼を知り、己を知れば、百戦殆《あやう》からず」と言います。

行政や政治は戦いとは違いますが、考え方においては、似通っている面もあります。私はいつも「己」、つまり自軍の戦力を冷静に見極めるように細心の注意を払っています。

戦力の見極めとは、その課題解決にあたる実働スタッフが能力的、時間的、精神的に新たな戦いに臨めるような状態にあるかということと、援軍である外部のキーパーソンや議員の勢力と動向のことです。くわえて、他の課題解決スケジュールとの関係や、自分の現在のポリティカルキャピタル（自分の意見を通すのに必要な政治の世界での影響力、とくに国政に対する影響力や自身の市民からの支持、共感度）などです。

ようするに、行政的にも政治的にも問題が決着するまで攻守ともにしっかり戦い抜けるかを見極めるのです。あれもこれも、おかしいと思うたびに中途半端に戦端を開いていけば、敵軍も間違いなく全方位から弱いポイントを狙って攻撃を仕掛けてきます。ですから、戦いを挑むテーマに必要な戦力の総和が常に自軍の戦力以内に収まるように、それぞれの課題へのチャレンジの時期をずらすなど、必要戦力のコントロールをするようにしているのです。

もちろん就任当初と比較すれば仲間も増えて、同時に処理できる能力も大きくはなってきました。しかし戦い方を間違えれば命取りになります。よって、「どこから手を付けていくか」「同時に取り組める課題はいくつまでか」など、チャレンジの優先順位は真剣に精査します。取り組むからには絶対に負けるわけにはいきません。自軍の戦力と、向かい合う課題の大きさを冷静に分析して、一つひとつ確実に結果を出せる範囲内でチャレンジすることを心がけているのです。

第4章 情報

テクノロジー、SNSの活かし方

就任3ヵ月で起こった東日本大震災

市長に就任してわずか3ヵ月後に東日本大震災が発生しました。

翌日は、九州新幹線の全線開業という節目の日でしたが、すぐに「明日の記念式典への出席はキャンセル！」「これから数日のほかのスケジュールも一度全部キャンセル！」という判断をしました。そして、市内に備蓄している水や毛布などのリストの確認や消防に対する出動準備の指示をしました。

突発的な事故や非常事態への対応は、キャスターの経験が活きました。すぐに体が反応したのです。放送局では「特番態勢」といって、予定していた放送スケジュールを変更して特別番組に切り替えることがあります。大きな地震や火事、事件などがリアルタイムで起きていれば、上司の指示がなくとも社員やスタッフがそれぞれ情報収集に走り、情報を持ち寄ります。この習慣が体に染み付いていたのです。

震災直後も「私たち福岡市に何かできるか」を能動的に考えました。距離が離れていても、できることはたくさんあります。他人ごとという感覚は一切ありませんでした。

SNSを見ると「みんなで電気を消して協力しよう」「物資をどこに持っていったらいい？」「俺が運ぶ」など、いろんな人がいました。

また、デマも含めて真偽不明な情報の洪水になっていました。電気を煌々《こうこう》とつけているお店に対しては、「非国民だ」というような発言も散見されました。多くの人がどうしていいかわからず、混乱に陥っているようでした。つまり、福岡市内にも不安や混乱という震災の間接的影響が出ていたのです。

ところが、震災翌日の土曜日に市役所に登庁してみると、職員はほとんど誰も来ていません。たしかに東日本は九州から相当な距離がありますし、災害時の職員の緊急参集基準からすれば福岡市として対応するべき規定の外です。まだ私も就任したばかりで、そのような緊急出動の基準が存在していることさえ知りませんでした。

民間の放送局の感覚では、当然、各局の幹部が集まって今後の支援についての会議が開かれると思っていましたから、最初はショックを受けました。局長に電話をしても誰も出ません。

物理的被害が出たのは東北を中心とした東日本かもしれませんが、あれだけの大地震ですから、実際に福岡市民も大きく動揺して不安に陥っているのです。また、多くの市民が「力になりたい」という気持ちを抱きながら混乱している。

もちろん役所に登庁はしなかったものの、一生懸命動いてくれた職員もたくさんいたと思います。何ができるか真剣に考えてくれていた職員もいたと思います。実際にボランティアとして現地で自主的に活動をしてくれた職員もいました。

それにしても、震災の混乱に対して当事者意識を持った人とそうでない人の差はどこで生まれたのでしょうか。私は情報の「受信力」の差だと思うのです。

私は放送局出身なのでよくわかるのですが、とくにテレビはいちばん被害が大きくて「画になるところ」から中継します。わかりやすい映像で視聴者を釘付けにすることが視聴率の観点からも大切だからです。一般の人たちは、その刺激的な映像を繰り返し見ることによって不安になります。そして、そのうちに「どうすれば力になれるのだろう？」と考え始めるのですが、残念ながらそれに対する答えをテレビが報じるのは、ずいぶんあとになってからです。災害発生から相当の時間が経過して、すべての被害映像を使い尽くした後に、そのような報道が始まるのが一般的です。

新聞とテレビだけで受動的にしか情報を得ていない人には、市民の混乱が見えません。能動的にネットニュースのコメント欄やSNSで情報を収集して、多角的な情報収集に努めていれば、「自分の街の市民が何を不安に感じているか」「何をしたいと思っているのか」は自ずとわかるはずです。ひいては「行政としてできることはないのか」ということがつかめるはずなのです。

正しい情報は常に現場にある

私は結局、数人しかいない危機管理室で孤軍奮闘せざるをえませんでした。

「東北の人たちのために福岡市民も節電をしましょう」というツイートを見つけると、自分で九州電力に直接電話して、福岡市における節電の必要性について確認しました。すると「すでに現時点で東日本に電気を送るための変電能力をマックスまで使っているので、東日本大震災支援としては、市民へこれ以上の節電を呼びかける必要はない」ということがわかりました。こういった正確な事実確認を自ら行ない、Ｔｗｉｔｔｅｒに投稿し、市民の不安やデマを打ち消していったのです。

災害などが発生したときに「市民はどの時点でどういう情報を知りたくなるか」「報道は次にどういうテーマに移っていくか」など、時系列で何が起きるかをシミュレーションできるようになったのは、キャスター時代の経験と、この東日本大震災の際に自分自身でネットと電話にしがみ付いて、調べて発信を繰り返した経験が大きいでしょう。頭の中でシミュレーションができるから、次に起こることを予測して先手を打てるようになったのです。

週明け、当時の役所の局長たちにこう伝えました。

「新聞とテレビだけに頼って情報を収集していたのでは、事態の変化のスピードについていけないし、情報に偏《かたよ》りが生じる。スマートフォンやパソコンを活用して自ら市民の悩みや不安というリアルタイムな情報も集め、多角的に事態を把握しなければ、市民の本当の心の動きは感じ取れない」と。情報を集め、能動的に考えなければ、有事のときに、市民に寄り添った支援はできません。

　ところがその主張に対し、当時の幹部職員たちには私が何を言いたかったのか、その真意がわからなかったのでしょう。「若い市長がスマホを持てと言った」という間違った理解が、幹部職員を通して市役所内を駆けめぐったのです。冗談のようですが、本当の話です。私の説明も悪かったのでしょうが、当時は唖然《あぜん》とするとともに、本当に悲しくなったものです。

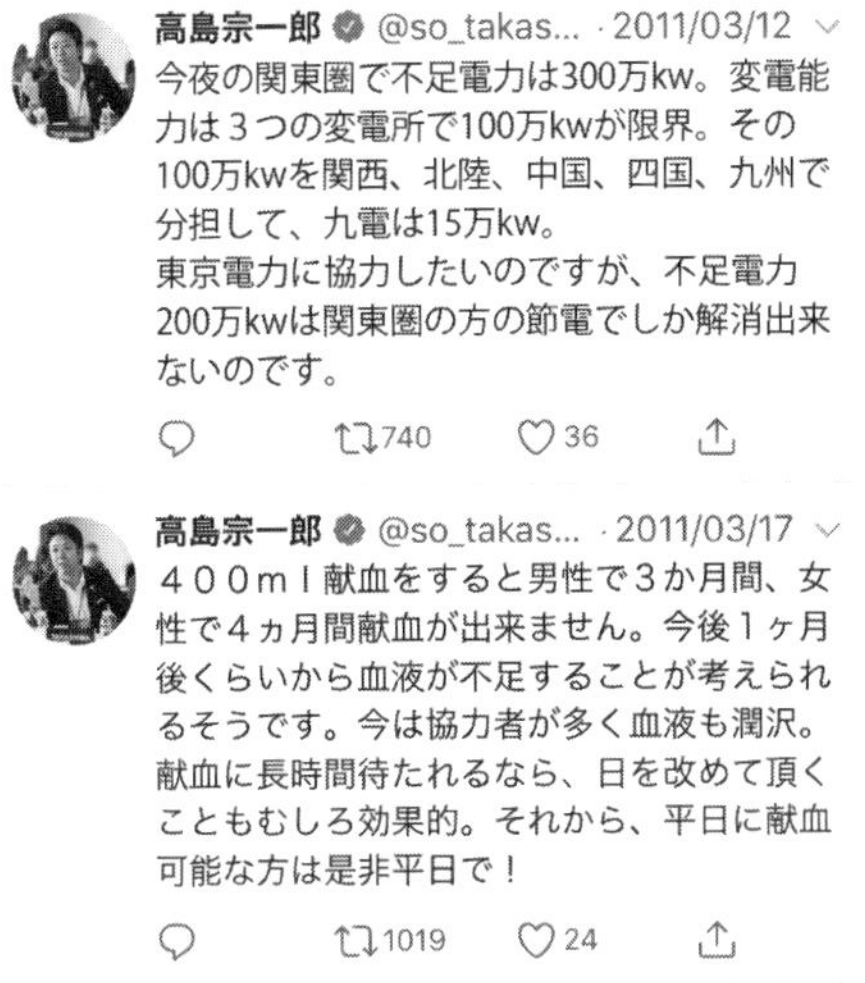
高島宗一郎 @so_takas... · 2011/03/12
今夜の関東圏で不足電力は300万kw。変電能力は３つの変電所で100万kwが限界。その100万kwを関西、北陸、中国、四国、九州で分担して、九電は15万kw。
東京電力に協力したいのですが、不足電力200万kwは関東圏の方の節電でしか解消出来ないのです。
740
36
高島宗一郎 @so_takas... · 2011/03/17
４００ｍｌ献血をすると男性で３か月間、女性で４ヵ月間献血が出来ません。今後１ヶ月後くらいから血液が不足することが考えられるそうです。今は協力者が多く血液も潤沢。献血に長時間待たれるなら、日を改めて頂くこともむしろ効果的。それから、平日に献血可能な方は是非平日で！
1019
24
自ら事実確認を行なった正確な情報を、リアルタイムでTwitterに投稿

　災害支援は想定外の連続です。指示を待つような受け身の態度では仕事はできません。

　もちろん福岡市もふだんから市民サービス向上のために不断の努力はしています。しかし受け身ではなく、既成概念にとらわれずに能動的に動くという点において、福岡市が国家戦略特区に選ばれたことは、意

識改革の大きなきっかけになりました。国のせいにできなくなったのです。変えたほうがいい規制ならば、規制緩和の提案をする権利があるのです。

逆に言うと、できない理由を並べ立てるという言い訳が使えなくなった。提案をするというのはとてもクリエイティブです。特区制度は福岡市の職員に「福岡市では、市民のためなら法律などの既成の仕組みをも超えて企画を提案していいんだ」というコペルニクス的マインドセットをもたらしました。特区制度の活用は、職員の意識の変革という点でも、貴重な副産物を生むことになったのです。

東日本大震災から5年経ち、熊本地震が発生しました。

隣接する熊本県でしたから、東日本大震災と並べて論じることはできません。それでも、熊本地震が発生したときには、相当数の職員が深夜にもかかわらず緊急参集し、指示を待つことなく、多角的に情報を収集しました。さらに細やかなニーズを吸い上げ、支援ができる方法を積極的に探し、新たな支援にも積極的にチャレンジしました。

また災害時の広域的な対応力を強化するため、新潟県中越地震でヘリによる山古志村《やまこしむら》の全村避難を指揮した経験を持つ自衛隊員を福岡市の危機管理監に採用し、直接自衛隊との連携ができるネットワークと緊急時対応のノウハウを備えました。

さらに九州市長会では防災部会を作り、福岡市はその会長市として九州各地で災害が発生したときに常時即応ができる「防災先進都市」になったのです。

平時から有事へ。
いざというとき、組織をどう動かすか

東日本大震災のときは、市長に就任して3ヵ月しか経っていなかったこともあり、残念ながら私は組織を十分に動かすことができませんでした。

しかし、このときに自分自身で汗をかいてSNSの情報を集めたり、制度を調べたり、既成概念にとらわれず（当時はまだ行政知識がなかっただけとも言えますが）支援策を考えたり、ボトルネックにぶつかったり、Twitterで発信してきたことで「災害が発生して何日後にはどんなことが起きるか」「何が課題になるのか」「市民がどう考えるのか」「マスコミはどう報道するのか」「行政が機敏に対応するうえでのボトルネックはどこなのか」などが、自分の肌感覚としてイメージできるようになりました。

また、各地で大きな自然災害が繰り返されるなかで、痛みとともに得られた貴重な教訓が全国的に共有されていないこともわかりました。被災地域だけで経験が閉じてしまい、他の地域に活かされていないことを痛感しました。

とくに自治体の職員は定期人事異動で担当者は代わりますし、全国共通の対応マニュアルがあるわけでもありません。これだけ全国で災害が多発しているのに、ノウハウが蓄積される仕組みがなく、災害時にもっとも中心的な役割を果たすべき自治体職員の災害対応能力が、アップデートされていないのです。

そこで2016年に起きた熊本地震では、自らの東日本大震災のときの経験や全国のほかの災害の教訓を活かした対応をしようと全力を傾けました。

まず大切なことは、スピーディーかつ積極的に有事対応をすること。そのために災害発生後すぐに災害対策本部を設置して「今は有事で、人を助けるためならできることはなんでもしていい。スピードが大切だから、行政手続きなどでも絶対に平時と同じ対応をしてはならない」という私の方針を幹部職員に明確に指示します。

視覚的にも、職員の意識を切り替えるために防災服に着替えます。

この「平時から有事へ」の対応モードの切り替えはトップにしかできないことですか

ら、全職員に対してモードの切り替えを明確に示すことは絶対に必要です。そうでなければ想定外の事態を目の前にして、一般職員が独自の判断で、場合によっては超法規的に対応することなどできないからです。

もうひとつは、首長がＳＮＳを積極的に使うことです。

首長が直接市民に語りかけ、市民に「安心感」を持ってもらうのです。災害時のＳＮＳは情報の伝達手段として極めて有効ですが、一方で、デマも一瞬のうちに広がるというデメリットもあります。だから有事のときこそ、首長の発信がとても大切なのです。これをうまく活用すれば混乱を抑え、不安を払拭する力に変えることができます。

もちろん普段からフォロワーを増やしておかないと、有事にプッシュで情報を届けることはできません。熊本市の大西一史《おおにしかずふみ》市長は、熊本地震の際、Ｔｗｉｔｔｅｒを活用し、情報の発信や逆に情報の提供を呼びかけることで、市民に正しい情報をいち早く伝えるとともに、市民に広がるデマを抑えることに成功しています。大西市長も普段は趣味の音楽の話を中心に、日常的にＳＮＳを使っていたことが有事の対応に活きたのだと思います。

大阪北部地震では、大阪市の吉村洋文《よしむらひろふみ》市長もＴｗｉｔｔｅｒで自ら情報発信をされて、市民の安全と安心におおいに貢献されていました。吉村市長も日頃からSNSを活用して情報発信を行なっているからこそ、有事でも活かすことができたのだと思います。

また、長野県佐久市の柳田清二《やなぎだせいじ》市長は2014年の記録的大雪という状況下で、Twitterを駆使して情報収集や安心感を与えることにつなげています。柳田市長も普段は趣味など多様な内容を発信してフォロワーを増やしています。

「市や県のトップがSNSを使えること」「自分の言葉で発信できること」が市民の安心や安全に直接つながるのであれば、個人の趣味だとか得意不得意の問題ではなく、SNSは今や首長がかならず使うべき情報発信の基本ツールと言えるかもしれませんし、有権者が投票するうえでの基本的な判断基準にもなるかもしれません。

支援物資をスムーズに被災地まで届けるには

東日本大震災の経験で学んだことのひとつに、せっかく被災地を支援するために物資を送っても、現地の中継地点でボトルネックが発生するということがあります。せっかく現地の近くまで物資が届いているのに、肝心の被災者までスムーズに届かないこと（ラストワンマイルの問題）が多いのです。

大量の支援物資を現地に送っても、物資が多ければ多いほど、逆にその物資の受け取り、保管、仕分け、被災者のニーズ調査、必要なところへの配送という膨大な負担を被災地の自治体などにかけることになる。そして、被災した自治体の処理能力を超えると、そこがボトルネックになってしまうのです。

熊本地震のとき、被災した熊本では、支援物資をいったん中継地点の熊本県民総合運動公園陸上競技場に集めて中身を仕分けしていました。ただ、全国から届く膨大な支援物資の中には、ひとつの段ボールにいろいろな種類の物資が詰め込まれていたり、使用済みのものが送られてきたりすることもありました。その仕分けには、相当数のマンパワーが必要で、物資輸送のボトルネックになっていたのです。

トラックに荷物を積む際に、事前に下にパレットを敷いておくという物流の基本的ノウハウが共有できていなかったために荷下ろし用のフォークリフトが使えず、物資の入った段ボールなどを人の手で下ろすことになったのも、時間がかかった原因です。中継地点は混乱を極め、トラックが最大で12時間待ちという事態になり、ただでさえ台数の少ないトラックの稼働率を下げていました。

そこで福岡市では、被災自治体の求めに応じて支援する「プル型」の支援と、求めがなくとも被災地まで一定量の支援物資を届ける「プッシュ型」支援の両方のメリットを掛け合わせた「自己完結型支援」にチャレンジしました。

被災地の自治体や被災者に一切負担をかけることなく、ニーズを調べ、必要な物資を集め、仕分けして、被災者の手元まで届ける一連の作業を、支援する側の自分たちですべて行なうのです。

具体的には、福岡市の職員を被災地の各避難所に配置して、独自にニーズを直接吸い上げます。また、熊本市の対策本部へ東日本大震災の支援経験のある部長級職員を派遣して、アドバイスとともに情報を自主的に把握しました。そうして得た情報をもとに、物資の支援が必要な場合は、福岡市民と協力して物資を集めました。

また市民のみなさんに支援物資の協力をいただける場合、直接被災地には送らず、福岡市に届けていただくようにもお願いしました。災害発生直後の混乱期でしたので、個人で現地に車で向かわず、搬送は福岡市に任せてほしいと、市のホームページや個人のSNSも使って明確に伝えたのです。

物資の集め方も工夫をしました。集める物資を「本当に被災地で求められている物資」に限定し、廃校になっていた小学校を使って、教室ごとに品目を分けて集めました。この仕組みによって、市民のみなさんが物資を持ってきた時点で、すでに仕分けが完了されるようにしたのです。

そして、熊本市と協議して、仕分けが完了している福岡市からの支援物資は、ボトルネックとなっていた現地の中継施設を通さずに直接トラックで避難所となっている体育館などに届けるようにしました。福岡市が支援物資を集める拠点として使っていた小学校跡地には3万6500箱もの支援物資が持ち込まれ、NPOやボランティアのみなさんにもご協力いただき、ひとつ残らずすみやかに被災地に届けることができました。

災害の支援では「ボトルネックを見つけて解消する」ということが大切です。物理的に

1ヵ所に集めなくとも、福岡市はオンライン上で各避難所の物資の不足と充足を一目で見られる「ＩＣＴ（情報通信技術）」のシステムを独自に構築していたので、真に必要な物資をタイムリー、かつダイレクトに避難所に届けることができたのです。

すべての工程を被災者や被災自治体に負担をかけることなく行なう「自己完結型支援」こそ、日本の災害支援のスタンダードになってほしい。私はそう願っています。

熊本地震では、もうひとつ印象的なできごとがありました。

実は熊本市の大西市長とは、九州大学の大学院法学府で社会人として同時期に学んでいました。しかも偶然にも机が隣だったのです。当時私は、朝の番組のキャスターをしながら午後は学校に通い、大西市長は熊本県議を務めながら、福岡市まで通っていたのです。そのご縁から、個人的に携帯電話の番号も知っていました。よって、地震の際も必要な物資などの情報のやりとりをタイムリーに行なうことができました。

支援物資の受け入れを始めて数日後、大西市長から「火を使わずに食べられる栄養補助食品を提供してほしい」とお願いされました。ふたつ返事で引き受けたはいいものの、企業やコンビニ会社からも提供を断られてしまい頭を抱え込みました。

そのときに私が最後の手段として使ったのがSNSです。カロリーメイトやウイダーinゼリーなどを買ってきて写真を撮り、市民のみなさんに「こんなものを提供してほしい」とFacebookで呼びかけました。

呼びかけたのは夜だったのですが、翌朝には驚くべきことが起きました。

数万人の方が私の投稿をシェアしてくださり、物資を受け入れていた小学校まで届けてくれ、昼には山のように集まったのです。すぐさま福岡市消防局のヘリを使い、およそ15分のフライトで被災地に届けることができました。

このときの市民のみなさんの行動にはとても感激しました。同時に、これからの災害対策、被災地支援は、行政が物資を大量に準備して備蓄するなど、行政だけが行なうのでなく、市民一人ひとりが少

高島宗一郎
2016年4月17日・
「WITH THE KYUSHU プロジェクト」を13時からスタートしました。
途切れることなく、多くの市民の皆さん、そして九州各地や山口からもわざわざ福岡市まで物資を届けに来て頂いています。
トイレットペーパーの教室、おむつの教室な... もっと見る
熊本地震 救援物資受入れ所
毛布
皆さまのご協力
ありがとうございます。
熊本地震 救援物資受入れ所
他6件
皆さまのご協力
ありがとうございます。
4.6万人
コメント23件 シェア1.7万件

廃校した小学校の教室に、支援物資を品目ごとに仕分け

高島宗一郎
2016年4月18日
【物資追加】市民の皆さん、被災地支援へのご協力本当にありがとうございます。お知らせです。
提供を呼びかける物資に新たに「ウェットティッシュ」「栄養補助食品（カロリーメイトやウィダーinゼリーみたいなイメージ）」を加えます。
毛布は被災地の対策本部とも話して、比較的集まったことも踏まえて提供呼びかけリストから外します... もっと見る
2.5万人
コメント10件　シェア1.3万件
高島宗一郎
2016年4月19日
旧大名小学校に物資を提供頂いた皆さん、ありがとうございます！
今日はトラック10台と福岡市消防のヘリでお預かりした物資を熊本へお届けしました。
さらに福岡市の青果市場跡から２リットルのペットボトル3万本を自衛隊のヘリで被災地まで運んでいま... もっと見る
4.4万人
コメント44件　シェア1万件

数万人にシェアされた、必要な物資などを呼びかけたFacebookの投稿

しずつ備蓄しておき、有事の際にはそれを被災地の方々のために使うという非集権的な形もあるのではないか、行政と市民が「共働」した新しい支援のあり方が構築できるのではないか、と思ったのです。

災害はなくならない。だが、災害後の痛みは減らすことができる

最近は、行政と民間の企業が「包括連携協定」を締結する事例が増えてきました。民間企業の持つリソースを、住民サービスの向上に活用させてもらうのです。

熊本地震でもそれが活かされました。

たとえば福岡市は、ＮＴＴと包括連携協定を締結しているので、発災後すぐにクラウドを利用した「避難所運営支援システム」を開発してもらいました。これは、自治体、避難所、物資の集積拠点が物資の情報をリアルタイムで共有するためのプラットフォームです。

開発にあたってこだわったのは、被災地支援に行った市の職員が「この避難所で何がどれだけ不足している」と書き込んだとき、物資集積の拠点から「いつ何を何個送ったか」をリアクションできる機能をつけたことです。

これまでは、支援物資の依頼を紙や電話で行なっていました。避難所としては、どこが実際に対応してくれるかわからないので、自衛隊や自治体など、何ヵ所にもお願いをする

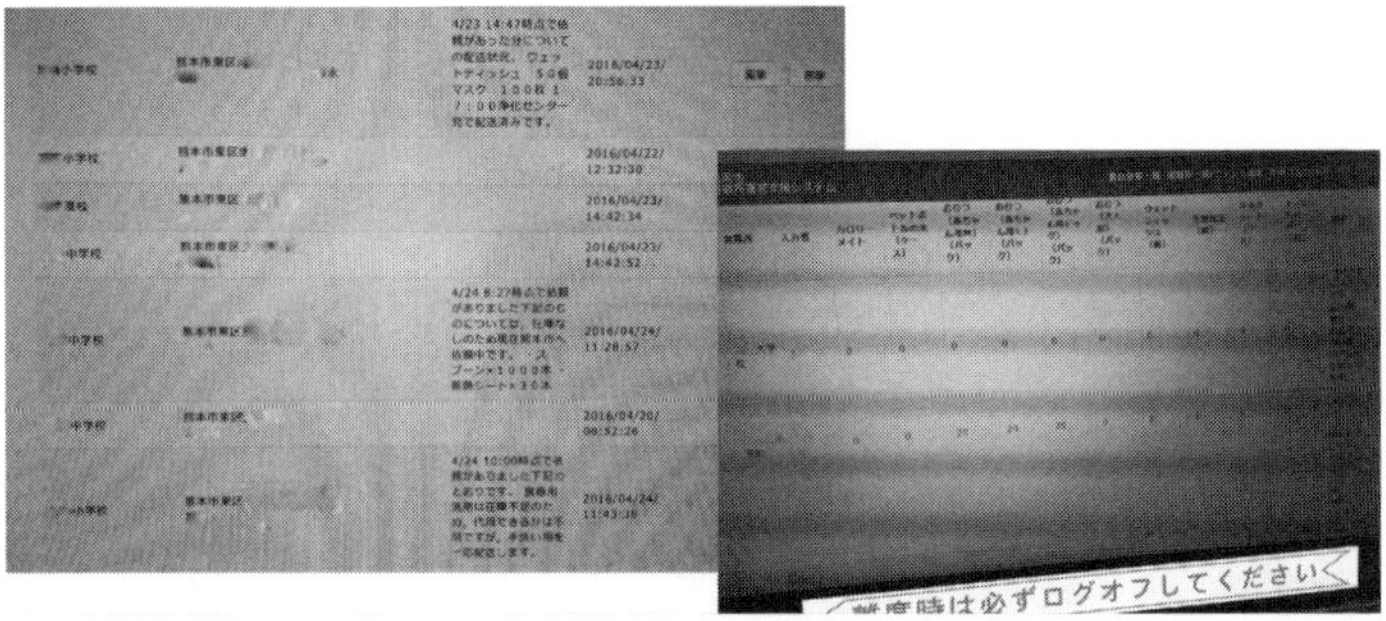

物資の情報をリアルタイムで共有する「避難所運営支援システム」

ことになります。すると、それぞれからちゃんと物資が届いた場合は、逆に過剰になってしまって、大切な物資が廃棄される事例もありました。

しかし、このプラットフォームがあれば、そういう事態を避けることができます。「どこの避難所で、何が何個必要で、誰がいつこれを届けるのか」まで、すべての最新情報が可視化され、どこにいてもその情報を確認することができるのです。これによって大切な物資が無駄にダブることなく届くようになりました。福岡市が支援を担当した30ヵ所以上の避難所でこのシステムを活用し、円滑な物資の供給を実現しました。

また福岡市からは、避難所運営を支援するため、のべ956人の市職員を派遣していましたが、その職員らが自主的にＬＩＮＥのグループをつくり、横の情報共有を行ないました。すると「昨日から鍼灸師さんがボランティアで来てくれています。今日、必要な避難所はありますか？」「お昼のおにぎりが余っているので、必要な避難所は教えてください」といった避難所どうしの横の情報交換も可能になりました。

ＬＩＮＥは履歴が残るので、災害支援が一段落したときに、これまでのやりとりの経緯を可視化でき、次の対策に活かせる点も有効です。このＬＩＮＥのやりとりは避難所支援に行った職員が主体的に考えてくれたものです。臨機応変に支援活動をしてくれたことをとても誇らしく思いました。

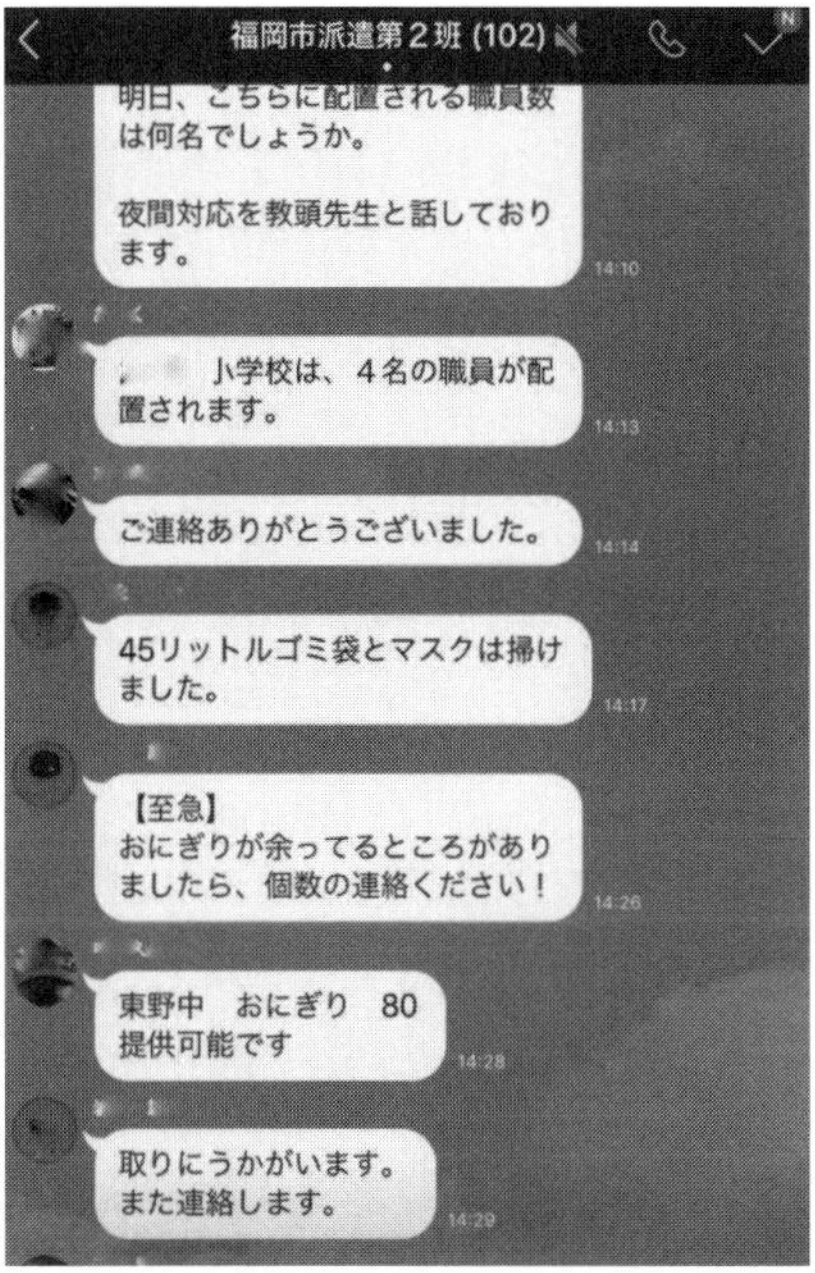

避難所運営を支援する福岡市職員が、自主的に作ったLINEグループ

日本は四季の織り成す自然の美しい国です。しかしながら環太平洋火山帯の中にあり、地震や噴火といった自然災害とも共存して生きていかなくてはならない宿命にあります。災害自体を止めることはできませんが、新しい技術や工夫をすることで、その後の痛みを

最小化する「減災」は、大きく進めることができるのです。

いざというときのために、ふだんから新しい技術に触れておく

熊本地震の支援活動で感じたのは、災害対応の現場では、ほとんどのやりとりがいまだに紙ベースで行なわれ、ＩＣＴの活用がまったく進んでいないということでした。

ＮＰＯなどのボランティアや行政、自衛隊など支援をする人のあいだで情報が共有されていないことが「必要なところに、必要なものが、必要なときに」迅速に供給されない大きな原因になっていました。

前述した避難所運営支援システムはとても有効だったのですが、他の自治体などの支援職員には使ってもらえませんでした。

私も熊本市の区役所や物資の集積拠点などで、熊本市の職員や自衛隊の方にログインのパスワードをお伝えして、システムの活用を提案しました。

しかし、年齢の高い方を中心に、普段使っていないスマホやタブレットなどに対するハードルは高いものがあり、結局活用したのは福岡市からの派遣職員だけでした。

こうした共通のプラットフォームをみんなが使えば、賞味期限や消費期限がある貴重な物資が重複して届き、廃棄してしまうといったようなもったいないことをせずにすんだはずです。ＩＣＴを活用すれば、あらゆる点で大きく生産性が向上して、被災者支援に寄与したかと思うと、本当に残念でなりません。

大切なのは、言い出した人が動くこと

また熊本地震では、指定された避難所ではなく、自主的に家の軒先や車の中で寝泊まりをする方もたくさんいました。しかし、軒先避難や車中泊は「指定外避難所」となり、その場所や状況を行政が把握できず物資が届かない、という問題も起きました。

ただ、今はＳＮＳもありますし、ＬＩＮＥなどで位置情報を送ることもできます。本人

ができなくても、通りすがりの人が発信してもいいわけです。実際にＳＮＳ上には「指定外避難所」の厳しい状況と助けを求める書き込みがあふれていました。

しかし、それらの情報もさまざまなＳＮＳにバラバラに投稿されているうえに、「いつの情報なのか」もあいまいなので、行政として集約できていませんでした。

福岡市ではこのような課題を解決するために、「防災×テクノロジー(BOUSAI × TECH 防災テック)」という民間のアイデアを活かした「防災減災アプリコンテスト」を開催することにしました。防災分野にテクノロジーを導入すれば、減災に大きく寄与するからです。

このようなことは国がすべきだと思うかもしれません。しかし実現するには、ものすごい時間と労力をかけて国の担当省庁などへ必要性を訴えなければなりません。なんとか次年度に予算化できたとして、事業者公募などの手続きを経たうえでようやくアプリが完成するまでには、かなりの時間がかかります。

また、そこまでして完成しても、本当に大切な肝の部分が何なのかを理解していなければ、結果的に使えないものになってしまい意味がありません。それこそ時間とお金の大きな無駄になります。

大切なのは、何事も「言い出した人がやる」ということです。

どんなものが本当に必要なのかは、言い出した人がいちばんわかっています。この考え方は、他の分野においても同じでしょう。自分は汗をかかないのに、他人へ要望や提言、批判や評論をしても説得力を持ちません。ですから、問題意識を持っている福岡市ができるところまでやってみることで、説得力が生まれるのです。

平時で使えないものは、有事でも使えない

この防災減災アプリコンテストには、個人や企業など、全国からたくさんのチームが参加してくれました。しかし年度の途中であり、防災アプリコンテストを開催して、アプリをブラッシュアップするところまではできても、本当に市民が使えるアプリとして完成させ、公開するためには予算がかかります。

悩んだ末にたどりついたのが「日本財団」です。日本財団は全国で災害が発生した際に迅速に対応するノウハウをどこよりも持っていますし、何より豊富な資金ですみやかに支

援を行なった数々の実績があります。

このアプリ開発プロジェクトへの協力をいただくために、日本財団へ説明とお願いにおうかがいしました。対応していただいた笹川陽平《ささかわようへい》会長は世界中で災害復旧や平和構築などの活動を支援されていることから、熱心に話を聞いてくださり、予定の30分を大幅に超過して2時間にわたって災害支援についてのお考えをものすごい熱量でお話しいただきました。そして、福岡市のプロジェクトについてもご理解をたまわり、資金提供にくわえて、会長自身がこの「防災×テクノロジー」のイベントに基調講演者としてお越しくださることにもなりました。

こうして完成したのが、携帯の位置情報機能を活用した防災アプリ「ツナガル＋（プラス）」です。防災減災アプリコンテストで最優秀賞を受賞した企業とともにブラッシュアップを重ね、平時にも利用できる「地域コミュニティツール」として開発しました。

ふだんは地域のコミュニケーションツールとして活用していただき、災害発生時には自動的に「災害モード」に切り替わって、自分が今いる被災現場から最寄りの避難所までのルートが表示されます。ふだんからコミュニケーションツールとして使ってもらうことが、有事の「事前練習」にもなるのです。

そして、平時に情報交換や意見交換のためのコミュニティを作成する要領で、災害時には「指定外避難所」を作成することができます。必要な物資を書き込むこともできますし、福岡市が書き込みを確認して返信もできます。

このアプリの活用を希望すれば、全国の自治体や市民が無料で自由に利用できます。ＹｏｕＴｕｂｅで私が使い方を説明した動画も公開しています。過去の災害の教訓から生まれたこのアプリをぜひ多くのみなさんに利用してもらいたいと思っています。

平時に使えないものは、有事でも使えない。この教訓から生まれたアプリによって、今後、福岡市で災害が起きたときには、たとえ車中避難や軒先避難など、指定避難所以外の場所に身を寄せていたとしても、物資などの必要な支援を受けることができます。

（ツナガル＋のＱＲコード）

テクノロジーをいかに取り入れるかが発展の鍵

行政がテクノロジー分野も含めて万能である必要はありませんし、また、そうなることもできません。しかし、最新のテクノロジーを持った民間との「コラボ力」が強い自治体を目指すことは、これからの行政にとって、とても大切だと思います。

茨城県つくば市は2018年8月、国内初の試みとなるマイナンバーカードによるネット投票を実施しました。

選挙が近づくと誰もが「(自宅などで)インターネットを使って投票できればいいのに」と考えると思います。

行政的にも、選挙を行なうには多額の税金が使われますし、多くの人手も必要です。しかし、実際にネット投票が行なわれるためには、投票の正当性や秘密投票が守られるか、改ざんされないかなどの課題を担保する必要があります。

そこでつくば市では40歳の若き五十嵐立青《いがらしたつお》市長を中心に、ブロックチェーン技術とマイナンバーカードを活用して、これらの課題を克服する実証実験を行なったのです。これはネット投票の実施に向けても大きな一歩です。

このようにテクノロジーにも明るい市長や知事が民間を巻き込みチャレンジすることこそ、市民サービスの向上、ひいては日本の生産性向上に大きく貢献します。

ちなみに宮崎県日南市では39歳の﨑《さき》田《た》恭平《きょうへい》市長が日南市のキャッチフレーズを「日本一組みやすい行政」として、積極的に民間企業と連携し、若さと柔軟性をもって多くの新しいチャレンジや企業誘致に成功しています。

企業において労働生産性の向上が大きな課題であるように、行政においてもその課題の重要性は変わりません。それは地方自治法にも「最少の経費で最大の効果を挙げなければならない」と記されているとおりです。そしてその実現のためには行政として民間ノウハウの活用は必須ともいえます。

私は今、福岡市において行政（government）×テクノロジー(technology)、つまり「ガブテック」の実践にチャレンジしています。

たとえば、ＬＩＮＥの福岡市公式アカウントは１５０万人以上もの方にご登録いただだいており、可燃物や不燃物といったごみ出し日などのお知らせや災害に関する情報など、地域に密着した情報を市民一人ひとりの住所に応じてダイレクトに送っています。150万人を超える「友だち登録」は、全国でも圧倒的に突出しています。それだけ市民のみなさんにも好評な施策と言えるかもしれません。

また、マイナンバーカード以前の住基カードの時代から、区役所などに来なくても、全国のコンビニで住民票や印鑑証明を受け取れるサービスを行なっています。

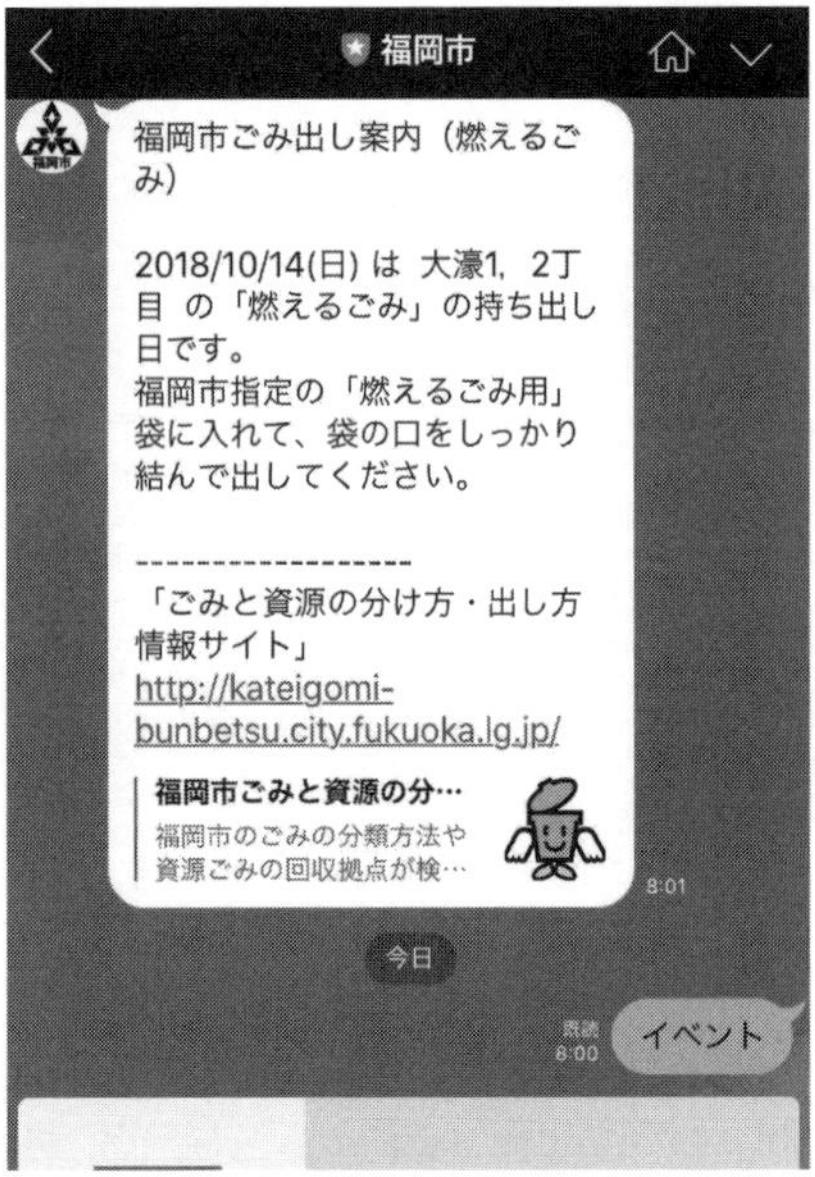

地域に密着した情報が届くLINEの福岡市公式アカウント

役所が通常のお店と違うのは「予約という仕組みがない」ことです。そのため、仕事の合間のごく限られた時間を使って区役所に来る人も、時間に余裕のある高齢者も、同じように窓口で並ばなければいけない。これは相当な時間のロスです。

このサービスでは好きな時間にコンビニに行って、並ばずに住民票などの証明書を取ることができます。福岡市はこのサービスを2012年に始めましたが、全国の政令市ではじめての取り組みでした。

「ワンストップ」ではなくて「ノンストップ」。テクノロジーと行政の組み合わせは、市民の利便性の格段の向上につながります。

このような議論にはかならず「パソコンを使い慣れていない高齢者にやさしくない」という反論がつきものですが、オンラインは外出がおっくうになる高齢者ほど恩恵がありま す。買い物も、各種手続きも、かかりつけ医に診てもらうことすら、家にいながらすべてできるようになるからです。過渡的には、アナログとデジタルの併用によって二重にコストがかかる時期はあると思いますが、テクノロジーの活用にはスピーディーに取り組む必要があると考え、鋭意実行しています。

ちなみに福岡市は、このようなテクノロジーを支えるエンジニアに注目しています。そして2018年に「エンジニアフレンドリーシティ福岡（Engineer Friendly City Fukuoka）」宣言を行ない、優秀なエンジニアが集まり、活躍し、成長できる取り組みを、行政とエンジニアで一緒にスタートしました。優秀なエンジニアがいるからこそ、とがったビジネスを形にすることができます。スタートアップがユニコーンに成長するためにも、世の中を変えて行くような新しいビジネスやサービスを次々に世に送り出すためにも、優秀なエンジニアの存在は極めて重要なのです。

ふだんのコミュニティづくりが力になる

大きな災害が起きたときには、政令指定都市のようなとくに人口の多い都市では、消防・警察・自衛隊といった「公助」だけで多数の被災者を救うのは困難です。

実際、阪神・淡路大震災の直後に建物などに閉じ込められた方が16万4千人いたと推計されていて、助け出された方のうち消防・警察・自衛隊といった「公助」によって助け出された方はわずかに全体の1・7%だったという調査結果もあります。残りは自力、または家族や近隣の方々によって救出されたのです。救助隊も相当な数の方を救助してはいるのですが、被災者の母数が大きいとこうなってしまう。

よって、日頃から個々人の「自助」と地域での「共助」の仕組みをつくっておくことが、有事における被害の軽減につながるのです。

ひとつ驚いた事例をご紹介します。

避難所では普通、プライバシーを守るために段ボールで仕切りを作ります。しかし、九州北部豪雨で指定避難所になっていた朝倉市の「サンライズ杷木《はき》」を訪問したときには、その仕切りがなかったのです。

集落のみなさんが身を寄せていたのですが、この地域では日頃からコミュニティがしっかり機能していました。よって、逆に仕切りを作らないことで、いろいろな年代の人が孤立することなく、自然に集まって今後の話をしていたのです。

私が訪問したときも、体育館は和やかな話し声でいっぱいになっていました。なかには、家が突然流された方たちもいらっしゃるのに、です。

これにはこちらが面食らいました。これまでの避難所運営のマニュアルとは違い、コミュニティが普段からしっかりしている地域では「逆に仕切りがないほうが、気が滅入らなくていい」というお話をうかがいました。さらに、復旧、復興に向けて、自主的にワークショップまで開催していました。

日頃からの「自助」「共助」「コミュニティづくり」がいざというときに大きな力につながるのだ、と痛感しました。

情報発信はタイミングに注意する

有事での情報発信はとても大切です。

東日本大震災のとき、ＳＮＳにはデマが多く流れていました。私は、デマを打ち消すためのツイートをしたのですが、そのツイートが爆発的に拡散されていくのを見て、「有事のときに精度の高い情報を求めている市民は、首長の発信を待望している」ということがわかったのです。

極論すれば、行政というのは、平時には「民間の活動を妨げないようにすればいい」のですが、有事では「市民の安全と安心を守るために、積極的に行動する」必要があります。

情報発信についても同じです。災害時は、あらゆる情報の発信源から、玉石混淆のさまざまな情報が飛び交います。デマもあります。その中で市民のみなさんは、信頼に足る行政の情報を必要としています。多くの市町村などの基礎自治体は、消防や水道、保健所、公民館などの現場を持っていますので、間違いのない情報が入ってきます。信用できる情報が出せるのは、行政の強みです。

有事の情報発信について、注意しなければならないことがあります。有事では「爆発的に情報が拡散する可能性がある」ということです。

災害が起こると、市民のみなさんの「困っている人の力になりたい」という思いが大きくなります。よって、「被災地に物資を送るのでボランティアを募集します」「被災地に運ぶ物資を募集します」などの呼びかけには注意が必要です。想定の100倍以上のモノや人が殺到する可能性もあるからです。

実際に東日本大震災でも、呼びかけた人のもとに大量の物資がひっきりなしに届いて、保管場所の確保や仕分け作業だけで大混乱した事例が散見されました。しかも物資の必要がなくなっても元記事の「リツイート（拡散）」は続きますので、相当の期間、過剰物資のリスクを負ってしまいます。

そこで熊本地震では、情報発信のタイミングとその内容を精査しました。

まず、地震の発生直後には、その災害の規模から考えて物資提供の呼びかけが必要であると判断しました。想定外の量の物資が届いても対応できるよう、市内中心部にあった小学校跡地を拠点に定め、2日間で場所と人員の受け入れ準備を整えてから、ＳＮＳの発信を行なったのです。

どんなに期日や内容を明記しても、よく読まずに思い込みで行動する人がかならず現れます。よって、そのようなことも想定する必要があったのです。

先ほども触れたように、教室ごとに「水の部屋」「オムツの部屋」などと決め、物資ごとに分けて集めていたのですが、そのうちに想定していた教室にも入りきらなくなり、最終的には体育館がいっぱいになるほどの物資が集まりました。

また、仕分けのボランティアを50人ほど確保する必要もありました。この人数を募集するのに、たとえば私のＦａｃｅｂｏｏｋに掲載してしまえば、必要数の10倍くらいの方がいらっしゃる可能性があるので、ＳＮＳや市のホームページでの掲載は止めました。それでも、２２００人以上が口コミだけで集まってくれました。

災害時においては、SNSに通常時以上の情報拡散力と影響力があることを考えると、SNSへ掲載すべき内容とすべきでない内容とを精査することが大切になるのです。

あわせて、リーダー自身の有事の発信は相当な力を持ちますので、積極的に活用することをすすめますが、反対に有事の発信内容に失敗すると社会に大きな悪影響を与えてしまいます。

SNSは行政や首長自身の信頼の失墜にもつながる諸刃の剣です。アップする前に内容が行政的にクリアされるのはもちろんのこと、あらゆる客観的な視点からチェックを行なうくらいの細心の注意が必要です。

また、災害時によく聞くこととして、視察した議員が被災の現場を背景にしたカメラ目線の写真をSNSにアップしていることへのクレームがあります。災害時は多くの人が真剣だからこそ、的を射たSNSの発信は、一挙にして市民の協力にもつながりますし、反対に、薄っぺらい投稿はすぐに見透かされて、大きな信頼失墜にもつながるのです。

シンプルに伝えるための具体的なコツ

情報発信で大切なのは「行政サイドのお知らせ」を単に投稿するのではなく、「市民が知りたい情報」に変換して発信することです。そのためには「市民が何を知りたがっているのか」をつかみ、シンプルに伝える能力が必要です。

市長に就任して最初に行なったのが、広報、報道部門を束ねて「広報戦略室」に衣替えすることでした。「どの媒体に行政のお知らせを掲載するか」などという牧歌的なやり方ではなく、ターゲットに合わせて、伝達するコンテンツや時期、媒体などを戦略的に選び、市役所組織としてその情報発信のノウハウを蓄積するようにしたのです。

シンプルに伝えるにはコツが必要です。

よく聞かれるので、簡単に私のやり方をご紹介しましょう。

まずいろいろな情報や意見を頭に詰め込んだあと、いったんすべて忘れます。そして今度は、引いた視点からざっくりと物事を捉え直します。「ようするに○○である」と、ひとことで説明するにはどうすればいいかを考えるのです。

たとえば「国家戦略特区の規制緩和を活用して航空法の高さ規制を緩和して、福岡市独自の容積率の緩和と附置義務駐車場制度を変えて……」と言うのではなくて「ようするに大きなビルができます」と言う。

ちなみに私は元来、要領よく話をするのが得意ではありません。親父ゆずりで話が長いのです。プライベートでは話が長くなる傾向にあるので、アナウンサーとして仕事で要領よくしゃべるために、仕事のときはいつもこの練習をしていました。

「短く、ざっくり」というのは「そのことにまったく興味がない人にどう伝えるか」を考えることです。

私は今でも、役所で事業の説明に来る職員に「その説明であなたの奥さんや彼氏は最後まで飽きずに真剣に聞いてくれますか？」と聞くようにしています。役所内で最後まで我慢して説明を聞いてくれるのは、それが仕事だからです。プライベートにおいて大切な人ですら途中で飽きて聞いてくれない話を、いわんや市民のみなさんに発信して聞いてくれるはずがありません。

この「ようするに」と端的に説明することを意識することで「今伝えたい話は何なのか」が自分でも客観的に見えてくるはずです。

災害発生時も同じです。つい現場を担当している職員と同じように、被災地で起きた一件一件の被害状況に詳しく入っていきそうになりますが、そこにはあえて踏み込まずに、リーダーとしては「鳥瞰図《ちょうかんず》」のように、一度事態を引いて見るのです。「今、市民は、何を不安に思っているのか」「今、何を知りたいのか」「どんなことを勘違いしているのか」といったことを、ザクッとつかむことが大切です。

これはつまり、集合知を解析し、簡略化しているのです。アナウンサー時代に、視聴率の毎分グラフを分析した話を書きましたが、あれも一種の「集合知」と言えるでしょう。ネットの書き込みをざっと流し見するのも、集合知の解析です。極端な意見は流してしまって、平均的にみんなが何を疑問に思っているのか、何を知りたいのかを素人の目線でつかむのです。そのうえで、私なりの発信のノウハウを使って、シンプルな言葉に変換し、わかりやすく伝える。それを心がけています。

距離を保ちつつ効果的に発信する、私のSNS戦略

インターネットやSNSの世界においては、実社会でどんなに偉い「肩書き」があってもフォロワーはつきません。あくまで興味のある「個人」にフォロワーがつくからです。無名の一般の人でも、投稿にセンスがあればたくさんのフォロワーがつくでしょうし、会社の社長や議員などの肩書きがあっても、投稿がつまらないとフォロワーがつかない。それがインターネットの世界です。

政治家が、選挙活動のときだけ街頭演説の様子をアップしても、フォロワーはつかないのです。リアル世界とネット世界は評価のものさしが違うのです。

私は、個人のSNSではいざというときにも情報を見てもらえるよう、行政のお堅い話だけでなく、プライベートの話も織りまぜるようにしています。

行政のホームページなどでしっかりと過不足なく情報を提供する一方、個人でも情報発信のチャンネルを持っているのは強みになります。むしろ個人のリアルな情報発信のほう

がかえって信頼性が生まれる場合も多くあります。

個人によってＳＮＳの活用法はさまざまで正解はありません。それぞれのスタンスでＳＮＳに向かい合えばいいと思いますが、私の場合、意識しているのは「論争をしない」ということです。

Ｔｗｉｔｔｅｒを使って意見を戦わせるといえば、最初に頭に浮かぶのは元大阪市長の橋下徹さんです。弁護士でもあり、法的根拠を元にＳＮＳ上でもガンガン意見交換や議論ができるというのはすばらしい能力だと思います。千葉市長の熊谷俊人《くまがいとしひと》さんもＴｗｉｔｔｅｒを活用して積極的に意見交換を行なうなど、ＳＮＳを上手に活用されています。

一方、そのような論理的なディベート力や法的な知識に乏しい私の場合は、石を投げられたからといって、打ち返していたら関係ない家のガラスを割ってしまったという状況になりかねません。

私の場合は、市長という立場を背負って自由闊達に議論をすると残念ながら二次被害を起こす危険性があることを自覚しています。ですから、ＳＮＳ上での意見表明や説明などは実は相当慎重に行なっています。

よって私は、他人の投稿に応援やお祝いの書き込みをすることはあっても、自分の投稿のコメント欄に来る質問などに直接返信することもなければ、反対意見に対してネット上で議論をすることもありません。メッセンジャーのような個人あてのメッセージも開くことはありません。

災害時には効果的に情報を伝達する手段として、SNSを積極的に活用しますが、私の場合、平時にいちばん優先させているのは「持続可能性」です。

自分の限りある時間を、使うべきところに使うことは、心身ともに長く健康でいるためにもっとも大切なことです。よって、ふだんのSNSの対応は、いかに労力をかけずにメンテナンスしていくかということを第一に考えているのです。

私に対して、SNSを活用して活発に双方向のやりとりをしている印象を持っている方もいらっしゃるかもしれませんが、それは実は正確ではありません。もちろんセルフプロモーションとして投稿の際に市長を身近に見せるテクニックは活用していますが、あくまでも平時の主眼はいざというときに備えて、多くの方と関係を維持しておくことにあるのです。

第5章 戦略

攻めの戦略と
市民一人ひとりの意識改革

福岡市が輝く＝日本が輝く

私は「日本や世界をもっとよくしたい」という思いを持っていました。ですから、「福岡市長選挙に出てくれないか」と言われたときに、一瞬考えました。どうして国政ではなく、市長に導かれるのか。自問自答したのです。そこで降りてきたのは、こんな答えでした。

国は、地方都市（市町村）の集合体である。地形、気候、歴史、人口規模、産業構造、都市機能など、すべての都市がそれぞれ異なる特徴を持っている。だから、同じやり方で同じように輝くことはない。それぞれの都市が独自の強みを活かすことで、最高に輝く。各地方・地域によって、輝きの色も形も違うのだ。福岡市であれば「福岡市らしい輝き方」をしていくことが大切で、それこそが「日本（国）が輝く」ことに直結するのだ。

そして市長になって8年が経ちました。あの時の思いはますます強くなっています。世界のメインプレイヤーは「国（Nation）」だけではなく、これからは「都市（City）」の時代が来るという確信すら持っています。それぞれの都市がその地域の資源を最大限に活かしてチャレンジすべく、国と国との「外交」という形にくわえて、ローカル（都市）が直接グローバルにネットワークを構築していく傾向はますます強くなると思うのです。

すでに、福岡市は全国に先駆けて、都市としてさまざまなグローバルネットワークを築いてきました。

たとえば、アジア太平洋各地の11歳の子どもたちを毎年数百人規模で受け入れる「アジア太平洋こども会議・イン福岡（ＡＰＣＣ）」。福岡市政１００周年を記念し１９８９年から開催、これまで約30年間で55カ国・地域からのべ約１万人の人的ネットワークをアジア太平洋各国に構築しました。

また、アジア太平洋13カ国30都市とまちづくりの相互協力を行なう「アジア太平洋都市サミット（ＡＰＣＳ）」を１９９４年に提唱し、現在までアジアを中心にさまざまな取り組みを行なっています。そしてこれらの活動の蓄積によって得た都市としての信頼関係と人材ネットワークは、福岡市の大きな強みとなっています。

最近では10カ国・地域、14の拠点とスタートアップの相互支援に関するMOU（覚書）を結んだり連携したりして、国境を超えたビジネスの創造やコラボレーションを促進するため、世界の都市の優れたスタートアップを福岡市へ呼び込み、逆に福岡市のスタートアップ企業のグローバル展開も支援しています。

都市という、市民にもっとも身近で個性が濃縮された最小単位の政府が、地域特性を活かしてフットワークよくビジネスマッチングや文化交流を後押しできる環境が、LCC（格安航空会社）の登場や情報通信環境の進化により劇的に整ってきたのです。

もちろん安全保障など国家としての機能や国民としての誇りなどは前提ですが、より地域特性を基点としたボトムアップの国づくり、真の意味で基礎自治体優先の原則をまっとうできる環境が整備されてきたと感じています。そして国や県の役割はより最低限のものに収斂《しゅうれん》されていくのではないかと思うのです。もしくは交通網の発達で各地への移動時間が大幅に短縮されたことにより、中途半端なサイズになってしまった県は廃止して、より広い広域行政である道州制への移行も考える時期なのかもしれません。

そういった変化の時代にあって、福岡市は、九州はもとより、日本のなかでも、その役割はとても大きいと思っています。「若者が多い」「世界屈指のコンパクトシティ」「成長著しいアジアのゲートウェイ」「多くの大学とその学生など知的財産が多い」「スタートアップ支援が盛ん」などの強みを活かしながら、日本およびアジアのなかでしっかりとその存在感を示す。地方都市でもここまで自由な発想でチャレンジができるのだ、という「ロールモデル」の役割を果たしていく。それが、多くの地方にとっての輝く希望になるのではないかと思うのです。

そう考えれば、あのときに声が掛かった福岡市長という仕事はなんとやりがいのある仕事か。実際8年経ってみて、あのときに降りてきた考えは、本当に私をありがたい環境に導いてくれたと感謝しています。

日本を最速で輝かせるたったひとつの方法

日本を元気にするうえで「地方創生が大切だ」と言われて久しいですが、地方創生の本質とはどこにあるのでしょうか。

「地方創生」と対照的な言葉は「国土の均衡ある発展」ではないでしょうか。

私はこの対比こそが地方創生の本質だと思っています。

「国土の均衡ある発展」は、昭和30年代後半、いわゆる高度経済成長期の頃から、国の政策の中で重視されてきた考え方です。地域格差の是正を目指して、地方の振興を行なおうとしたもの。簡単に言うと「国がまんべんなく地方を支援することで、とにかくどこの地方も漏れなく発展させていこう」というものです。

これは、高度成長期のように、人口が増え続け、経済が拡大している時代には通用したでしょう。しかし、人口が減り、超高齢化していく現代においては、そのようなやり方では行き詰まってしまいます。

そこで、財源などの限られたリソースを、どこに重点を置いて配分していくかという視点が必要になりました。

これまでのように「地方」という言葉でひとくくりにするのではなく、「熱意ある地方」「努力をする地方」を国は支援するという形に変わっていったのです。地方が自ら変わるための努力や熱意がないとせっかくの予算も持続可能性がないため、「地方」は国の「限りある」支援は受けられない。そのことを、遠回しに伝えているのが「地方創生」だと私は理解しています。決して「冷たい政治」や「弱者切り捨て」をしたいのではなく、高度経済成長期とは違い、少子高齢化で納税者数自体が減るので、各地域と連携をしながら、次世代に大きなつけを残さないためにも、なんとか新しい工夫が必要なのです。

これから人口減少にともなって、地方の集約はさらに進んでいくでしょう。「とがっている地方」にリソースが集中するので、そのエリアはますますとがっていきます。一方でそうでないエリアは「撤退戦」を考えるフェーズに入っていかざるをえません。

小さい自治体や過疎地域にこそ、チャレンジングな首長を

ちなみにこれは、自治体の大きさに関係はありません。

徳島県の神山町では山間地域に光ファイバーを整備することで、数多くのＩＴ系ベンチャー企業のサテライトオフィスを開設に導いています。最高の自然環境の中で最先端の仕事をするという新しい生活スタイル、価値の創造です。

また市の面積に占める山林の割合が84％の兵庫県養父《やぶ》市では、改革派の広瀬栄《ひろせさかえ》市長が国家戦略特区の規制緩和を活用し、農地取得のハードルを下げて、オリックスやクボタなど、大手企業の農業への参入を実現させています。

小さい自治体や過疎地域こそ、チャレンジングな首長が誕生して、ＡＩやＩoＴといった最先端のテクノロジーを積極的に使って課題を強みに変え、悲観的な未来図を覆してほしいと願っています。

一方、住民の足であったローカル線の廃止を「攻めの廃線」として積極的に受け入れ、

これを奇貨として持続可能な交通システムづくりに若い首長が勇気を持ってチャレンジしている市もあります。２００７年に財政破綻した北海道の夕張市です。

人口減少にともなう利用者の減少で、鉄道事業者が路線の廃止を求め、自治体が反発するという構図は今や全国各地で起きています。30歳で夕張市長に就任した鈴木直道《すずきなおみち》市長は、赤字路線を維持し続けることは持続可能性がないことを明確にして、座して待つのではなく積極的にＪＲの廃線を受け入れました。

その一方で、コンパクトシティづくりと路線バスやタクシー、スクールバスも含めた抜本的な交通網の再編に取り組んでいるのです。これは本当にすごい決断です。

まちづくりはおおよそ「総論賛成、各論反対」です。コンセプトには同意できても、自身にデメリットが及ぶ個々の具体策には市民も議会も反対です。

そして、その火種に油を注ぐのがマスコミです。持続可能であるかどうかの議論は横に置いて、改革による合理化の不便を強調して「弱者切り捨て」と煽《あお》ります。これは全国において行政改革のスピードを遅らせている構図かもしれません。こうした大逆風を覚悟のうえで、将来の街の持続可能な交通体系を考えて行動できる首長を私は心から尊敬します。

「日本」とひとことで言っても、全国の都市にはさまざまな個性があります。ですからこれをすれば日本全体が即座によくなるという絶対的な施策や手法があるわけではありません。それぞれの地方都市がそれぞれの方法で、そこに住む市民の幸せの最大化をはかり、輝きを放つことができるか。スケールメリットによる行政機能の集約と、もう一方で都市の自由度を上げて、国や県がしっかりとそのサポートをできるかということが、日本を最速で輝かせることにつながるのです。

ハコモノは本当に無駄か

「地方活性化」というときに「ハコモノをつくる」というのはよくある施策です。楽観的に需要を見込んでハコモノを整備したけれど、人が集まらず失敗している事例が多いからでしょう。民主党政権のときに「コンクリートから人へ」というフレーズが広まったこともあり、施設を整備すること自体が「よくないこと」という先入観で見られてしまうようになりました。

私も、就任してまもなくの頃は、ある新聞に「ハコモノ続々、借金増大」という見出しを書かれたこともあります。「ハコモノ続々」といっても、老朽化にともない、学校や科学館という教育関連施設を建て替えようとしただけです。市債残高も毎年減らしているのに、新聞の見出しにそう書かれました。これは明らかに悪意ある印象操作です。それくらい、当時は「とにかくハコモノは無駄」という風潮だったのです。

私はハコモノ自体が悪いとは思っていません。もちろん無駄なものは一切必要ありませんが、本当に必要であれば、未来への投資として整備すべきと考えています。

一方で、ハコモノだけをつくっても意味がないこともよく承知しています。巨大な公共施設などを行政がつくっても、見込みの甘さから結局活用されないというケースは各自治体で散見されます。

福岡市では、まず「ソフト施策」で需要を喚起し、その次に拡大したニーズに基づいて街の大きなビジョンをつくるという戦略で進めてきました。まず、「ソフト」、次に「ハード」という順番です。ハコモノは当然税金の投入が必要な場合が多いですから、明確なニーズに基づいた必要性を市民に共感してもらえなければ、ソフトからハードに至る大きな絵を描くことはできないと考えたのです。

そこで市長就任後すぐに、「短期的な交流人口増」「中期的な知識創造型産業の育成」そして「長期的な支店経済からの脱却」という福岡市の成長戦略を打ち立てました。そして約25年ぶりに市の基本構想を改定し、政策推進プランとして落とし込みました。

就任から8年が経過して、今福岡は全国でもっとも人口増加率が高くなりました。交流人口も増え、国際会議の開催件数は、全国の政令指定都市で1位です。開業率も税収の伸び率も日本一。クルーズ船の寄港数も日本一になりました。その結果、人や企業が集まり、需要が大きく増えたのです。

そして、「ソフト」によって需要が大きく成長したために、逆に「ハード」の供給力が追いつかないという状況がようやく起きたのです。

都市政策は「ソフト↓ハードの順番」で

稼働率が84％まで上がって、イベントが重なるとホテルが足りない。就任時に11・4％だったオフィス空室率が1・5％まで下がって企業が借りられるスペースが足りない。クルーズ船は年間130件お断りをして機会損失370億円。コンベンション施設不足で国際会議は年間90件のお断りをせざるをえないため165億円の機会損失。

他にも、空港の滑走路は着陸希望の路線が増えすぎて大混雑。保育ニーズが増え続けて、毎年2000人ずつ枠を拡大しても保育所が足りない。就任して8年間で市民の数が10万人以上増え、小学校のニーズも増えるのでほぼ毎年新しい小学校の開校式を行なっています。

福岡市がG20の首脳会議を誘致した際も、直前まで有利に進めていた誘致競争を最終局面で逃した理由として、ハイグレードホテルの不足ということが報道されました。またイギリスの雑誌「Monocle（モノクル）」でも、2016年には世界で7番目に住みやすいとされていた指標が2018年には22位まで順位を落としました。

この数字に添えられているコメントがとても興味深いものでした。

「福岡市はスタートアップなど先進的に未来への投資をしていている。中規模の都市であるが、大都市圏でもっとも急成長を遂げている日本の都市であることに驚きはない。しかし一方で、飛行機やクルーズ船で記録的な数の観光客が到着する中、対応に苦慮している」

このような評価は、一次的にはマイナスに映るかもしれませんが、いわゆる「成長痛」が可視化されることで、市民のみなさんとまちの課題を共有できる大チャンスです。課題の共有によって、市民の後押しが生まれるからこそ、次のステージに進むための大きな絵を描くことができるのです。

こうした状況を受けて、実際にいくつものまちづくりプロジェクトを同時並行でスタートさせました。

福岡市の中心部、天神地区において、規制緩和によって10年間で30棟のビルを生まれ変わらせる「天神ビッグバン」、民間資金を最大限活用しながら博多港のクルーズターミナルとＭＩＣＥ（国際会議や展示会、スポーツイベントなど）施設の機能強化を実現する「ウォーターフロントネクスト」、九州大学箱崎キャンパス跡地に超スマートシティを実現する

「FUKUOKA Smart EAST（フクオカ スマート イースト）」そして博多部の歴史資源をストーリーとストリートでつなぐ「博多旧市街プロジェクト」などなど。

政治的に根本的な価値観が違う方とは最後まで相容れないと思いますが、多くの市民は、それらを「ハコモノ行政だ」と批判したり、「無駄なものを進めている」と捉えたりしてはいないと思います。なぜなら、街への需要に対して供給力が不足しているということを多くの市民も実際に認識しているからです。このように市民の意識が変わってきたのは、まずハコモノをつくるのではなく、「ソフト↓ハードの順番」で都市政策を進めてきたからなのです。

あえて、よそ者の視点を持つ

街を変えるには「よそ者、若者、バカ者」という3要素が必要と言われます。私は見事にすべて当てはまります。

父は生まれてから大学卒業まで福岡市で育ったのですが、私はというと父の仕事の関係で、高校を卒業するまで大分市にいました。その後、福岡の放送局に就職し、アナウンサー時代には「アサデス。九州・山口」という、九州・山口エリア向けの番組をつくっていました。ですから、仕事を通じて福岡市を外からの目線で見るという訓練を続けてきました。福岡市をひとつの街として単純に捉えるのではなくて、「九州の中の福岡」という位置づけも常に意識していた経験が、市長になった今、大きく役に立っていると思います。「福岡市が元気だ！」と満足するのではなく、「日本、もしくは九州全体としてどうか」という視点で見ているのです。

今福岡市はいろんな指標で全国トップになっていますが、だからといって、まったく満足してはいません。その理由は、海外の国際会議に参加するたびに諸外国の現状を見ているからです。そこで見えてくるのは、海外という外の景色だけではなく、相対的に見えてくる日本や福岡市のことです。

「外」を見ることは、改めて「内」を見ること。

福岡市内にずっといると、いろいろなものがあたりまえになってしまい、ややもすると慢心してしまいます。「他の自治体や海外も同じだろう」という錯覚に陥ってしまう。だから外を実際に見ることが大切なのです。

海外に行くと、多くの国が社会にイノベーションを取りこんでいます。そして、リスクをとってチャレンジをする人たちが次々にビジネスで成功しています。そういう状況を目の当たりにすることができるのです。

とくに、私たちが社会科の授業で習っていた「発展途上国」が、新しい技術革新などを社会に実際に取り入れて、爆発的な勢いで成長しています。そういう光景を目にすると、単に「福岡市が狭い国内の中で1位になってよかった」というレベルで満足している場合ではないと思うのです。

批判よりも提案を、思想から行動へ

全国の都市には、どこでも「まちづくり評論おじさん」が生息しています。もっとも大切な「フィジビリティー」、つまり「実現可能性」を精査し、実現への道筋を立てるわけでもなく、一足飛びに「べき論」や「理想論」を語る人のことです。

彼らは語るだけでなんのリスクもとりません。他都市の行政の方とお話をしても、このような「まちづくり評論おじさん」はどの地域にもいて、マスコミなどで自由気まま過ぎるおしゃべりを披露しているようです。

福岡市にも「港の機能を強化すべきだ」「空港機能を強化すべきだ」「遊園地のような場所が欲しい」「地下鉄をあっちにもこっちにもつなげるべきだ」などの提言や要望が各地から寄せられます。

理想論だけで実現する世の中なら簡単でしょう。ただ「誰がリスクをとって、それを実現させるのか」「予算は誰が負担するのか」がいちばんの問題です。当然ながら、港の整備や道路整備、学校の整備などのインフラ整備には、国の予算が大きく関わってきますので、各自治体の思いだけで進めることはできません。

国には各地方から地方の論理と大義に基づく要望が寄せられ、国は全国という視点から予算の選択と集中を行なっています。国の行政の中心である霞が関には全国から陳情が集まっている中で、地方で新規プロジェクトを行なうのであれば、限られた国家予算から少しでも多くの予算を自分の自治体に配分してもらう必要があります。

もちろんこれは簡単なことではありません。「私が東名阪に集中している国の予算の配分を変えて、福岡市への予算を増額させます」と言う人はいないのです。いつも「行政がやるべきだ」「国がやるべきだ」の抽象論で終わってしまいます。

「批判よりも提案を、思想から行動へ」という言葉があります。これはG1サミット（詳しくは後述します）の精神で、私もこの言葉が大好きなのですが、日本に今、必要なのはまさにこれだと思います。

提案した人が自分で動く。他者への「べき論」より自分の行動で見せる。リスクをとって行動する人が尊敬される社会にする必要があります。そうでなければ、誰もリスクをとらずに、安全なところから評論する人ばかりになってしまいます。

「ポテンシャルのある街だったのに、花開かずに終わってしまった」ということにならないよう、誰かが「今開花させるんだ」という強い意志を持って行動する必要があります。

私自身も、国や民間に対しては「べき論」を語らずに、どうすれば官僚や政府や企業に協力してもらえるのか、どうすれば肝心の予算が取れるのかを考えて自分なりに戦略的に行動しています。

そして自分のポリティカルキャピタルを見極めながら、福岡市のポテンシャルのすべてを開花させるために自らチャレンジを続けていますし、市民のみなさんにもそれぞれの分野で汗をかいてチャレンジしていただきたいのです。

先が見える
リーダーになるためには

「リーダー」はまさに「リード」する人。

先が見えていないリーダーについていくと、みんなで沈没してしまいます。リーダーは絶対に「先が見えている」必要があります。では、どうすれば「先が見える」リーダーになれるのでしょうか？

たとえばマラソンで「真ん中あたりを走っている人」に先のことを聞いてもわからない、と答えるでしょう。前の人についていっているだけだからです。道の先がいちばん見えているのは、当然ながら「トップランナー」です。この先どこに向かうべきかを知るためには、リーダーがトップランナーである必要があるのです。

ただ私が、福祉や社会保障に始まり、農業、水産業、商工業などのさまざまな産業分野、土木や建築、都市交通、物流、そしてあらゆるテクノロジーなど、ありとあらゆる分野をイチから勉強して「トップランナー」として走れるかというとそれはほとんど不可能でしょう。

どの分野でも、人生を賭けてその分野でこれまで懸命に走ってきた人が、そこのトップランナーだからです。一方でリーダーは、市民や国民、社員を導くうえで先が見えていなければいけない。ではどうすればいいのでしょうか。

それは、私自身がその分野のトップランナーになるのではなく「トップランナーの目に何が映っているのか」を共有させてもらえばいいのです。哲学、文化、政治、科学、医学など、あらゆる分野の最先端の人が「何を考え」「何を研究し」「何をやろうとし」ているかを共有させてもらうのです。

私自身はひとつのことを深く研究したり、文章でまとめたりすることは不得意です。でも、人の話を聞いて、それをシンプルに他の人に伝えるために、短時間で話のエッセンスをつかみ取ることは得意です。これはキャスター時代の訓練によるものかもしれません。

インプットしたさまざまな最先端のエッセンスを組み合わせて、「社会が今後どのように動いていくのか」を包括的に理解するよう努めます。そしてそれは、福岡市の未来図を頭に描く際のベースとなる知恵や知識となり、今後の施策を考えるうえでの貴重な糧になります。

私が大きく影響を受ける場所は「G1サミット」です。

2009年にグロービス経営大学院学長の堀義人《ほりよしと》さんが「日本版ダボス会議」として始めたこの会には、政治家、首長、起業家・経営者、知識人、学者、社会起業家、スポーツ選手、メディア、文化人など、さまざまな分野のリーダーが集まります。

年に一度の全体会であるG1サミットのほか、いくつもの会議や部会を通して、いろいろな世代や職種の方々から多くの知見を得ることができます。

日常的に接点が少ない分野のセッションに参加することで、各分野のトップランナーの視線の先に何があるのかを共有させてもらえますし、自己研鑽の必要性を痛感します。学ぶことにくわえて、時代に挑戦するためリスクをとってチャレンジする同世代の同志たちの存在こそが、自分を大きく成長させてくれるのです。

ちなみに2016年の国会においては「休眠預金活用法」など3つの法案がG1サミットメンバーの働きかけで成立しました。私もG1サミットメンバーの千葉市の熊谷俊人市長や広島県の湯崎英彦《ゆざきひでひこ》知事などとともに、2013年にスタートアップ都市推進協議会を立ち上げました。

また三重県の鈴木英敬知事やヒューマン・ライツ・ウォッチ東京事務所の土井香苗《どいかなえ》代表、NPO法人Living in Peace創設者の慎泰俊《しんてじゅん》さんらと里親支援のイニシアチブを共同で発表するなど、地域を超えて、リスクをとれる力強いメンバーとさまざまなジャンルに渡る取り組みを進めてきました。まさにG1サミットは、私にとって自己をアップデートさせてくれる貴重な場所なのです。

グローバルに考えてローカルに行動する

2015年からは、世界経済フォーラムが毎年中国で開催しているグローバル成長企

スイス東部のダボスで毎年1月に行なわれる世界経済フォーラム(ダボス会議)
※写真右が筆者

業や世界の次世代リーダーを対象にした「サマーダボス」(Annual Meeting of the New Champions)から毎年招待を受けるようになりました。さらに2017年からは本体の世界経済フォーラム、通称「ダボス会議」にもご招待いただけるようになりました(日本の市長としてははじめてのことです)。

ダボス会議はスイス東部のダボスという小さな街に、毎年1月、世界の政財界のリーダー3000人あまりが集まる世界経済フォーラムの年次総会のことです。世界の首相や多国籍企業の経営者などが雪に囲まれたスイスの小さな街に集まって、閉ざされた空間の中でおよそ1週間にわたって世界が直面する重大な問題について議論します。

ここでは「世界の政財界のトップの目に何が映っているのか」を共有できます。また、たくさんのキーパーソンに直接プレゼンテーションができる貴重な機会でもあります。

ダボスではバイミーティング（二者会談）の機会が多くあります。2017年のダボス会議では、スリランカのラニル・ウィクラマシンハ首相と会談させていただき、そのご縁で来日の際にわざわざ東京から福岡市までお越しいただきました。

エストニアの成長戦略に学ぶ

2018年のダボス会議では、エストニアのユリ・ラタス首相からご連絡をいただき、今後のスタートアップ連携について協議することができました。

ロシアとフィンランドに挟まれたバルト三国のひとつであるエストニアは、近年、とても有名になっています。

その理由は、ITを行政に活用して、役所に行かずともオンラインでさまざまな行政サービスの手続きを終えることができる「電子政府」を構築しているからです。また、国外に居住する外国人にもインターネット経由で行政サービスを提供する「e-Residency（電子居住権）制度」には、世界中に登録者がいます。

かねてから私は、エストニアの戦略にシンパシーを感じていました。

エストニアの人口は132万人で、158万人の福岡市とほぼ同じ規模です。この規模の国家や都市が埋没することなく存在感を発揮するためには、限られたリソースを「勝てる分野」に集中投資してとがらせ、経済活動を活発にすることが大切になります。

そして、周辺のライバルたちより先んじて、スピーディーにチャレンジすることにより、最少の経費で最大の効果をあげることができます。

また、居住人口だけでなく交流人口と関係人口を増やすことが、経済政策的にも重要です。

チャレンジの恩恵を実質的に受けつつ、くわえて先進的な国家のイメージを発信していくことが、世界中の優秀な起業家やエンジニアを惹きつけ、交流人口と関係人口を増やすことにもつながります。

ちなみに交流人口とは、その地域を仕事や遊びで訪れる人のことです。

関係人口とは、頻繁にその地域に足を運ぶわけではないけれど、その地域に興味を持って調べたり、その地域の産品を買ったりするなど、「フォロワー」のようにさまざまな形でその地域と関わっている人のことです。

エストニアの場合、この「関係人口」を増やすために超先進的な政策を展開しています。エストニアに興味がある人は世界のどこにいても、e-Residencyを活用することで、エストニアに実際に住まなくても、電子的にエストニア市民になることができるのです。

ちなみに福岡市では2012年に「カワイイ区」というインターネット上の仮想行政区をつくり、福岡市民以外の方にも福岡市カワイイ区の住民票を発行したことがあります。関係人口を増やすことで、交流人口増につなげようという広報事業でした。

エストニアは規模で言えば小さな国かもしれませんが、行政のIT分野における最先端のとがりと、エストニアに興味を持った世界の人を巻き込んでいく関係人口の拡大政策に

バルト三国の一つであるエストニアのユリ・ラタス首相と協議

よって、国の価値を高めています。世界にエストニアのファンを増やすことで、軍事的に優位なロシアに対する抑止力を高める効果があると指摘する人もいます。

エストニアのユリ・ラタス首相にお会いして話してみると、年齢が近いこともあり、意気投合して大変盛り上がりました。さらにそのご縁から、5月にはエストニアの首相官邸にご招待いただき、エストニア首相を前にして福岡市のスタートアップ企業のみなさんがそれぞれプレゼンテーションを行なうというチャンスまで用意していただきました。9月にはエストニア投資庁長官以下、訪問団が福岡市のスタートアップイベントにご参加くださいました。

ダボス会議は、通常のルートであればアポイントを取ることも難しいような方と直接お話しして、福岡をトップセールスできる絶好のチャンスでもあります。

また、毎年同じ会議に参加していると「定点観測」ができ、各国のリーダーが今見据えているものの推移をダイナミックに感じることができます。

そして、「世界の中の日本」や「世界の中の福岡市」という位置づけを俯瞰して捉え直すことで、自分の物事の捉え方の座標軸を補正することができるのです。

先を見ることができるようになると、地方の限られたリソースや自分のポリティカルキャピタルをどこに傾斜配分すべきかが見えてきます。足りないものだらけの地方にとって、あれもこれも全部ではなく、選択と集中により限られた資源を最大限にとがらせることはとても大切なことなのです。

『グローバルに考えローカルに行動せよ』

祖父の本棚にあった前・大分県知事の平松守彦《ひらまつもりひこ》さんの著書のタイトルが、なぜか子どもの頃とても印象的で、今でもはっきりと覚えています。外から俯瞰することで、内において進むべき方向が明確に見えてきます。

発展途上国を見るたびに感じる、日本に対する危機感

国際会議に参加するため海外の都市に行くたびに、私の中で危機感が高まります。

とくに「発展途上国」と教わってきた国々の勢いや、さまざまなイノベーションを社会に実装してチャレンジしている各国の現状を目の当たりにすると、日本の将来に対するあせりは増す一方です。

世界では、テクノロジーの変化による革新が起きているのに、日本では大学に獣医学部ひとつ作るだけで国家戦略特区を活用しなければならないほど、各分野において新規参入障壁が高くなっているのです。

テクノロジーが劇的に進化し、「今」求められる新しいビジネスモデルや製品が続々と生まれ、成長企業が生まれ、海外の消費者はその恩恵を享受しています。日本だけが「規制」という名の鎖国をしていれば、アジアの中でも大きく取り残されてしまうことは間違いありません。

E Hang（イーハン）社が開発した、人が乗れるドローン（著者撮影）

ドローンひとつとっても、日本では「ここもダメ、あそこもダメ」とやっているうちに、世界では人が乗れるものまで登場して、実際にドバイにおいては「スカイタクシー」として実証実験まで終わっています。チャレンジや「あそび」の範囲が日本はとても小さい。いろいろな面で社会が成熟しすぎていて、既得権が強くなり、新規参入を拒んでいるのです。

中国もテクノロジーを社会に実装しようと国をあげてチャレンジしています。日本国内でイメージできる中国は、もしかすると模倣品や海賊版といった部分だけかもしれません。いまだに中国を「発展途上国」と捉えている人も多いように感じます。

しかし、そのような目に見える一部のことで相手の国全体を判断してしまうと、大きく見誤ります。中国をはじめとするアジア諸国へ実際に行ってみると、ＩＴだけ見ても日本より驚くほど進み、社会への実装が進んでいます。

さらに、いい悪いの評価は別にして、今後のビジネスの要となる「データ時代」と「一党独裁制」は非常に相性がいいのです。このことを考慮すると、中国やロシアなどの旧共産圏において、国から支援を受ける企業の中から今後「ユニコーン企業」が続々生まれてくることでしょう。

私たちがいつまでも過去の成功体験に慢心し、ハングリー精神を忘れ、上から目線で油断していれば、いつの間にか将来は日本がアジア諸国から支援を受ける側になってしまう可能性があるのではないかという危機感すらあります。

国を守らんがための誤った国内の規制によって成長企業誕生のチャンスが失われ、国際競争力が失われ、日本自体が沈むような本末転倒は、決してあってはなりません。

余談ですが、アジアではインターネット上での相互評価の進展で、一部ではありますが、個人のモラルや態度の向上が見られているという話を聞いて驚きました。

シェアリングエコノミーのようなCtoC（個人対個人）のビジネスでは、利用後にお互い相手を評価します。相手から悪い評価を付けられると自分自身の信用スコアの平均点が落ちて個人の信用に影響します。自分自身の信用指標が下がることは、今後の自分の取引などに直接影響が出てしまいますから、このネット上の評価を無視するわけにはいかないのです。

相互評価の仕組みが登場したことで、政府がどれだけ力を入れても簡単には変わらないであろうと思われていた市民のモラルやビヘイビア（態度や振る舞い）が変わってきているというのですから、これはシェアリングエコノミーのおもしろい副産物です。

いずれにしても、アジア諸国のイノベーションへの積極性、人口規模や成長率を考えると、日本の将来への危機感を持たざるをえません。

勝てない指標では戦わない

人口が減り、高齢者の比率が高くなっていく日本が、世界で勝ち残っていくためにはどうすればいいのでしょうか？

アジア諸国の急成長とは対照的に、少子高齢化の進展する日本では、これまでと同じように「経済規模」という指標を使っていたのでは勝ち目はありません。

規模や大きさで競っても、他国の後塵を拝するだけです。そうではなく、新しい価値観の軸を打ち立てることで、新しいステージに戦いの舞台を移すことが必要なのではないでしょうか。日本に優位性があり、国民が世界に誇れる価値の創造をするのです。

では、どのような価値を設定すればいいのか。

これまでのように人口規模や経済規模といった数字ではかるのではなく、そこに住む人の心地よさを基準にした「リバブル（住みやすい）」という価値ではかることが必要だと思います。

そこでキーになってくるのが「モデレート」という基準です。

私がまちづくりの参考にしている場所は、アメリカの西海岸にあるポートランド市です。決してニューヨークのような大都市ではありませんが、アメリカのベストシティランキングや全米でもっとも住みやすい街に選ばれるほどのとても魅力的な街です。

ポートランドにはじめて行ったときに、クラフト感というか、とても手作り感のあるセンスのいい街だなと、とても刺激を受けました。

そして同時に「ちょうどいい」ことの大切さにも気がついたのです。

英語に「モデレート」という言葉があります。日本語訳すれば、「適度な」「穏健な」という意味で、ようするに「ちょうどいい」ということです。「モデレートエクササイズ」といえば適度な運動ですし、「モデレートスピード」といえば適度なスピードです。私は、やり過ぎでも足りな過ぎでもない、その真ん中にいかに近いかという「モデレート」という指標が大切になるのではないかと思っています。

たとえば人口について考えてみます。

センスのいい街にしていくためには、一定程度の「民間の投資」が必要です。しかし、利用する人口が少なくて回収の見込みがなければ当然赤字になるため、民間が投資することはありません。一方で利用者が多過ぎると、どんなにセンスのいい街並みや施設であっても、人の多さが市民のストレスになってしまいます。

よって、資金回収できる線は超えているけれど、多過ぎることもない「モデレートな」人口規模が、市民にとって快適で「リバブル」なのです。

経済の指標は、市民の肌感覚ではわかりにくいものです。実態の見えない数値で競うのではなく、市民の肌感覚が中心の、市民にとって住み続けたいと思える、快適で便利なリバブルシティこそ、これから世界が目指すべき都市の価値観の方向性だと考えます。もちろんこれは、国連で提唱されているＳＤＧｓ（持続可能な開発目標）における「住み続けられるまちづくりを」とも方向性を同じくしています。

こうした持続可能で市民中心のまちづくりの中核を担うのは、市民サービスを行なう都市（市町村）です。だからこそ、これから都市の役割がさらに大きくなり、国際社会においても都市の果たす役割がますますクローズアップされてくるでしょう。

福岡市がアジアのリーダー都市になる

モデレートで住みやすい街にするために、福岡市は具体的に何をしているのか、少しご紹介させてください。

福岡市は、住む人がもっとも幸せになれる街にするために「人と環境と都市活力の調和がとれたアジアのリーダー都市を目指す」ことを街の目標に掲げています。

リーダー都市とは、単に人口や経済規模が大きい都市という意味ではなく、明確な意志を持って他都市に先駆けて価値観を実践してみせるリーダーとしての自覚を持った都市という意味です。

「人」と「環境」と「都市活力」とは、それぞれどういう意味でしょうか。

「人」について言えば、どんなに都市化や核家族化、少子高齢化が進んだとしても、街の安全や安心、災害復旧のためにみんなで助け合う。そして、街の歴史や文化、祭りなどの伝統行事を愛し守ろうとする。いわば、少しずつ「私」を捨てて「公」のために協力する人々が、心安らかに暮らすことを指します。

「環境」はイメージしやすいでしょう。

どんなに立派な高層ビルが並んでいても川や海が汚い街には住みたくありません。緑が豊かで、市内の畑でとれた野菜や、海でとれた魚を安心して食べることができ、ごみ処理場や水道、下水道などが十分に整備され、水や大気など、自然の循環と市民生活の営みが持続可能に調和することを指します。

「都市活力」ももちろん大切です。

どんなにすばらしい自然豊かな街でも、仕事がなければ住むことができません。また付加価値が高い仕事ができなければ、才能がある若者は能力が活かせず、他都市に移住せざるをえません。

成長するグローバルマーケットにチャレンジできる高付加価値な産業が集積することで、優秀な若者もそこに居を構えて働き、自己実現をすることができます。「都市活力」

は人々がその街に住み続けていくうえで大切な要素です。

これらすべてが、バランスよく高い次元で「調和」する街こそが、新たな時代の最先端なのではないでしょうか。その価値の実現に向けて果敢に挑み、その姿を見せていくことがリーダー都市の役割です。

幸い、福岡市の先人たちの努力によって、この街は「人」と「環境」については世界トップレベルで充実しています。よって、福岡市は「都市活力」の分野でステージを上げることさえできれば、人と環境と都市活力が、高い次元で調和することができます。

地方特有の「支店経済」から脱却して「都市活力」を強化することが福岡市にとっては喫緊の大きな課題です。

現在、天神ビッグバンやウォーターフロントネクストなどのハード面での都市開発と、スタートアップ支援施策による成長企業の創出を強力に推し進めています。またスタートアップ企業と既存企業のそれぞれの強みのマッチングを進めてサービスのアップデートにつながる後押しをしています。

単なる数字で表される規模の尺度ではなく、住む人の目線で快適でストレスが少なく、健康的、文化的で持続可能な街。そんな「人と環境と都市活力の調和がとれたアジアのリーダー都市」を福岡市は目指して、マスタープランにその方向性を明記し、まちづくりを進めているのです。

極論すれば、政策では人を幸せにできない

「バブルの崩壊以後……」「リーマンショック後の不安定な中で……」

さすがに最近は減りましたが、少し前までは会合に行くとこんな紋切り型のあいさつをする企業トップが少なくありませんでした。

そういうセリフを耳にするたび「そんな評論をして誰が幸せになるのだろう」と思っていました。年金がどうの、不景気がどうの、などと暗い話をしてもそこからは何も生まれません。

私は、今を生きる現役の責任世代です。

リーダーとして、明るい未来を見せて空気を変えていく。その役割を果たしていきたいのです。街の空気を変えたい。国の空気を変えたい。

行政の目的は、さまざまな施策を進め市民を幸せにすることです。しかし、これまでの市長としての経験から得た結論は、極論すれば「政策では人を幸せにできない」ということでした。

どういうことか。

たとえば市民のみなさまに「来月から10万円ずつ配ります」と言ったら、一時的には喜んでいただけるでしょう。仮に医療費を無料にしたとしても喜んでいただける。ただ、その10万円配布や医療費無料の政策を半年も続けると、喜びも落ち着きます。

そして今度はさらに「子どものために、これも無料にすべきだ」「こんな施設をつくるべきだ」などの新たな要望が始まるはずです。結局「あれもこれも無料がいい」となるのは目に見えています。

「高負担・高福祉」の国にするならばそれも可能でしょうが、実際に多くの市民と対話をしていると「低負担・高福祉」をイメージしているので、そのような政策は実行不可能ですし、早晩破綻します。

つまり「〇〇の施策を始めたから幸せになる」ということはないのです。


では、どういうときに人は幸せを感じるのか？

それは「今日よりも明日がよくなる」という「希望」があるときではないかと思うのです。人を幸せにするのは「政策」ではなくて「希望」だと思うのです。

逆に、不幸を感じるのは「人との違いを感じるとき」ではないでしょうか。


極端な例かもしれませんが、縄文時代や平安時代、江戸時代は、生産性も低く、貧しかったはずです。しかし、だからといって、みんな「不幸せ」だったのでしょうか？

あたりまえですが、その時代には、家にはエアコンはありません、すきま風はビュービュー入ってきます。医療環境も悪かったでしょうし、文化施設もほとんどありません。では不幸せだったのか、というとそんなことはないと思うのです。なぜなら、（身分の同じ人は）みんな同じだからです。

現代は、「断絶社会」と言われています。格差があって断絶されている社会です。しかもSNSが手伝って「他人の状況がよく見える」断絶社会です。

完全に断絶してしまえば、それぞれの人は不幸とは思わないでしょう。相手が見えなければ比べることもありません。しかし、完全に断絶されているわけではなく、比較する「相手」が見える。これが、人を不満と不幸に陥れているのではないかと思うのです。

人を幸せにするのは、「今日よりも明日がよくなる」という希望

みなさんに幸せを感じてもらうためには、一人ひとりに「今日より明日のほうがよくなる」という希望を持ってもらうことが大切だと思っています。

「絶対値」ではなくて、「ベクトル」です。

多くの人にとって、幸福感や満足感は「絶対値」ではなく「方向感」でしか感じにくいのです。

私は毎週の定例会見などで政策を発表するとき、できるだけ明るい顔で前向きなメッセ

ージを発信するように心がけています。これはマスコミなどを通して日々繰り返し刷り込まれている「これからの時代は大変」という洗脳から解くための「反対呪文」なのです。

市の施策を発表するという形を取りながら、本質として伝えたいのは「今日より明日のほうがこの街はよくなっていく」ということです。「今日より明日はよくなる」という気持ちのときには「格差」は感じにくいのです。だから「みんなでがんばって、この街をよくしていこうぜ！」という気持ちになってもらいたいのです。多くの人が「チャレンジしよう」と思えるようにしたいのです。

市長になってから、市民のみなさんに自信と夢を持ってチャレンジしようというマインドを醸成してもらうため、あらゆる場所で前向きになってもらうことを意識して「福岡はこれからどんどんよくなるぞ」という反対呪文のメッセージを発信してきました。

もちろん言うだけでなく、ピンチをチャンスに変えるべくさまざまなチャレンジも行なっています。

次世代に向けた取り組みを総称して「FUKUOKA NEXT」と呼んでいますが、

「次へ」というベクトルを表現した矢印がマークの「FUKUOKA NEXT」

これもやはり「次へ」というベクトルを表現していて、そのマークも矢印、つまり動きを表す「ベクトル」を表現しています。

大切なものを守りながらも変わり続けられること、動き続けること、これは街が淀《よど》まないために大切なことです。私が8年間、市長としてもっとも変えたと自負していることを問われるならば、「この街の空気」だと答えます。

そして同じように、街の空気が明るく変わったという自治体がどんどん増えることで、最速でこの国の空気が変わるのではないかと期待しています。

団塊ジュニアの私が「成長ではなくて成熟だ」なんて言いたくない

私は子どもの頃、「日本人は世界一の製品をつくる世界一優秀な国民である」と信じていました。「ジャパン・アズ・ナンバーワン」という言葉に象徴されるように、日本への誇りが強くあったのです。

私は1971年から1974年に生まれた「団塊ジュニア世代」です。

高校生の頃、世の中はバブルでした。大学生になるとバブルが弾け、就職活動をするときには、ひどい就職難でした。受験戦争は厳しく、卒業する人の数が多いのに、景気が悪くて就職先がないのですから最悪です。

社会の制度が追いつかないまま、非正規労働者も増えました。本来、人口の多い世代のはずでしたが、私たちの世代が子どもを産むことによる「第三次ベビーブーム」は来ませんでした。バブルが弾けた後に社会人になったので「給料が上がる」ことが前提だとも思っていません。

有識者と呼ばれる人たちが「これからは成長ではなくて成熟である」などと、したり顔で解説しているのを見ると、嫌悪感を抱きます。

私たちの世代は、高齢化時代の福祉を支えるためだけに生まれてきたわけではありません。理屈や理論ではなくて、現実に成長・成功する喜びを感じたいのです。アジアをはじめ、世界を見渡すと、責任世代である同世代の人たちが、夢を持ってビジネスを大きく成長させようとしています。そういう成長を我々も夢見たいのです。

私は、日本の「暗い想定」を壊したいと考えています。

上の世代は、自分たちで道を切り開き、今の日本の繁栄をつくりました。心からリスペクトしています。私たちの時代も、繁栄を誰かが運んできてくれるわけではありません。自らの時代は自らで闘って勝ち取るもので、相続を期待するものではないのです。

私は2012年に「スタートアップ都市宣言」をして、地元のスタートアップコミュニティの仲間とさまざまなチャレンジをした結果、福岡市の開業率は日本一になりました。また、スタートアップ都市推進協議会を設立して、全国の首長にスタートアップ支援の連携を呼びかけています。

私がスタートアップにこだわっているのは、ただ単に「開業率を上げる」、つまり「同じような店舗を増やしたい」わけではありません。これまでにない新しい価値や製品、サービスを生み出していくこと。リスクをとってチャレンジすることが尊敬される世の中になるように、福岡市および日本のマインドセットを変えていきたいのです。

ダボス会議などの国際会議に出席をすると、日本に優位性がある分野がどんどん少なくなっているように感じます。一方で、今でも日本が強いといえる分野には、共通点が多いことにも気がつきました。それは、日本が大きな課題を抱えている分野です。

たとえば高齢化です。

日本の成長の大きなネックになっていると思われている分野では、逆にその克服の必要性から課題を解決する手法や技術がとても進んでいるのです。課題があるからこそ、そこにニーズとビジネスチャンスがある。そう捉えると、これからの国としての成長のヒントが見えてきます。

「労働人口が減る」という課題があるからこそ、企業はＩＣＴ（情報通信技術）やＡＩを積極的に導入して人手を省き、結果として失業者を生まずに生産性の向上を達成することができます。

「高齢化の進展で医療リソースが不足する」からこそ、手間とお金のかかる治療に至る前の「予防」に力をいれたり、ICTを活用して、入院ではなく住み慣れた環境で療養できる在宅医療の仕組みを構築したりして、最少のコストで最大の効果を挙げられる医療の変革が進展するのです。省力化がはかられれば、本当に人の温もりが必要なところに、人間を重点配置することができます。

市役所でも、証明書を発行したり申請を受け付けたりするのはオンラインや自動発券機に任せて、福祉の相談など、人の温もりが必要なところに職員を重点的に配置することが可能となるのです。

「課題先進国」だからこそできる攻めの戦略

福岡市では、日本が世界に先駆けて直面する高齢化とヘルスケアを「攻めの分野」に変えるべく、２０１７年に「福岡１００」というプロジェクトをスタートさせました。人生１００年時代の到来を見据えて、個人の健康づくりはもちろんのこと、ＩＣＴやビッグデータを活用した施策の構築に取り組み、地域コミュニティによる支え合いの力も総合的に組み合わせて、産学官民「オール福岡」でソリューションをはかろうという取り組みです。

この取り組みのひとつに「認知症フレンドリーシティ・プロジェクト」があります。高齢化と認知症は切っても切り離せない関係にあります。その認知症に対して病状のステージに応じて総合的に対応するというものです。

たとえば「最近物忘れがひどくなってきた」と感じる方には、タブレットを活用した認知機能の簡易検査をして、医療機関へ早期につなぎ、予防の取り組みを進めます。医療・介護の専門職である「認知症サポートチーム」が認知症の疑いがある方を訪問し、初期段階での集中支援を行ないます。

また認知症の方の見守りには、ＩｏＴを活用する実証実験も進めています。長時間バッテリーが切れずに使えることが特長のＩｏＴのセンサーを、ひとりで出かけてしまう可能性がある認知症の高齢者の靴やお守りなどにつけて身につけていれば、万が一行方がわからなくなっても、福岡市が市内に独自に設置した通信ネットワークによってすぐに発見できるというものです。

「認知症カフェ」という取り組みもあります。これは認知症の方やその家族、地域の方など、誰でも入れるカフェを地域の公民館などに作って、気軽に相談ができる場所づくりを進めるプロジェクトで、すでに大変好評です。

さらに「ユマニチュード®」を全市で活用するプロジェクトも始めました。

これは認知症の方が食事や着替えを拒否したり、突然怒りだしたりするような行動・心理状態を落ち着かせる「ユマニチュード®」というフランスで生まれたコミュニケーション・ケア技法をみんなが実践できるようにする取り組みです。

2016年から福岡市でこのユマニチュード®を医療機関や自宅介護を行なっている方と実証実験したところ、それまで意思表示をしなかった認知症の方が2ヵ月で「発語（言葉を発する）」した事例まで出てきました。

こうした結果を踏まえ、福岡市では教材づくりや講習を行なって、学校、公民館、医療現場などでこの技法を紹介していきます。自治体レベルでのこれだけの規模の取り組みは世界初です。

ほかにも、認知症にやさしいデザインのガイドライン策定や、ケアテック領域でチャレンジするスタートアップ企業のピッチ大会を開催し、積極的に医療事業者や大学、大企業、投資家などとのマッチングを行なうなど、社会全体で認知症という課題に総合的にアプローチします。

福岡市が世界を変えていく「ロールモデル」になる

認知症は一例ですが、このように「福岡100」では、人生100年時代の課題を乗り切るだけでなく、逆に課題をむしろチャンスにすべく、さまざまなチャレンジをしていきます。

福岡市は、たくさんの企業や有識者などと一緒に大きな絵を描いて進めます。ひいては日本がこの課題解決の手法をパッケージ化し、世界へ羽ばたくビジネスチャンスにすることができればと考えています。

さて、このような新しいチャレンジをする場合に、行政組織としてはどこが主体になれば、もっともスピーディーに成功実例を作れるのでしょうか？

国は、関連する省庁や議員との調整に大変な時間がかかります。また、実際の現場を持っているわけではないので、現場となる市町村からの協力や調整が欠かせません。県は、権限は持っていても実際の現場を持っていない「中2階」です。一方、市町村は現場を熟知し、その調整能力は持っていても、大きな新しいチャレンジをする場合、権限と予算や人員などのリソースが足りません。

私はこのようなチャレンジを行なううえでは、県並みの「権限」から基礎自治体としての「現場」までを一気通貫に持つ「政令指定都市」がもっともロールモデルを作りやすいと考えています。

しかも、福岡市は国家戦略特区ですから、内容によっては国の規制緩和も適用されます。

ちなみに、高齢化の進展にともない在宅医療のニーズが高まっており、福岡市では医師が患者と直接対面せずに診察が可能となる「オンライン診療」から、薬剤師による「オンラインの遠隔服薬指導」によって、家にいながら薬の受け取りまでできるという、日本の医療にとって画期的な取り組みも始まりました。

これも国家戦略特区の規制緩和を活用し、福岡市医師会や福岡市薬剤師会の協力をいただきながら、日本で最初に国の医療制度に則った実例を作ったものです。

あらゆる側面から動きやすい状況にある福岡市が、未来の日本のロールモデルとなれるようさまざまなチャレンジを続けていきます。

変わる努力をしない企業には、延命措置をしない

アマゾンに代表されるように、ネットで買い物をすることはあたりまえになりました。必要なくなったものはメルカリなどで売ることもできます。クレジットカードの情報をネットに入力することへの抵抗感も、ここ数年で大きく弱まりました。

時代はものすごいスピードで変化しています。スマートフォンのアップデートがこれだけ頻繁に必要なのは、それだけ速いスピードでテクノロジーが進化しているからです。消費者は便利さを求めて、テクノロジーの進化を受け入れます。消費者の求めるサービスの質や商品も、刻々と変化、高度化し続けています。これらの流れは不可逆です。それなのに、これまでと変わらない商品やサービスを提供し続ける会社の売上が向上するはずはありません。これは、景気のせいでも政府のせいでもありません。

今求められているのは、時代に合わせた商品やサービスを提供でき、雇用を増やす力があり、給与を上げることができる企業です。「変わる努力をしない企業」に延命措置で税金を投入し続けても、人口減少社会における持続可能性はないでしょう。かならず行き詰まります。

「中小企業白書」によると、開業3年以内の企業は全体の8・5%ですが、こうした若い企業が生み出す新規雇用の割合は全体の37・6%であるというデータがあります。新興企業が雇用を生み出す力がどれほど強いかがわかります。

私は「国家戦略特区」獲得のためのプレゼンテーションにおいて、日本の開業率が諸外国と比べて非常に低い現状を福岡市から変えていきたいと訴えました。スタートアップにはビジネスで社会を変える力があります。スタートアップ企業が、課題先進国である日本の課題を解決する仕組みを作り出せば、それを引っ提げて世界へ乗り出すこともできる。だからスタートアップが大切なのです。「波を避ける」のではなく「波に乗る」だけでもなく、「波を自ら創って世界を巻き込んでいく」のです。

福岡市では、スタートアップ企業が持つ「先進性」と、既存の企業が持つ「経験や資金、販路」をマッチングさせる「フクオカ・スタートアップ・セレクション」というイベントを毎年開催しています。

また私が会長を務める「スタートアップ都市推進協議会」の会員都市がセレクトしたスタートアップ企業と首都圏の企業とのマッチングイベント「ジャパンスタートアップセレクション」も、毎年東京で開催しています。既存企業とスタートアップ企業それぞれの強みが混じり合うことで新しい価値が生まれるのです。

こうした取り組みをどんどん進めて、日本の「暗い想定」「暗いムード」にカウンターのドロップキックをぶちかましてやりたい。これは、われわれ世代の「黄金時代」を自らの手で勝ち取るための戦いです。

スタートアップこそ、政治に興味を持ってほしい

通常、企業が活動を行なううえでは、行政は「邪魔をしなければいい」が基本でしょう。しかし、スタートアップに関してはそうではありません。

スタートアップの生み出す新しい製品やビジネスモデルは、今の法律や規制が作られたときに想定されていなかったものがたくさんあります。

シェアリングエコノミーもまさにそうです。「このすばらしい製品やサービスは大きく社会を変える！」と声高に訴えても、法や規制に阻まれて社会で実際に使えない。それでは意味がありません。

すごい機能の車をつくっても、法律のせいで公道を走れなければ、売ることができません。スマホに関するすごいアイデアがあったとしても、法律でそのような電波を出してはならないとなれば、前に進めないでしょう。

「このサービスで社会をよくするんだ！」とどれだけ訴えても、社会で実装できるように

法や規制を緩和する道筋をつけないかぎり、何ひとつ動かないのです。

「わが社は政治と距離をとっています」とか「情熱と熱量があれば社会は変わる!」などと言う企業や起業家もいますが、ビジネスとは違い、法や規制は自動的に非合理なものが淘汰されて、より合理的なほうに収斂していくわけではありません。

新しいビジネスを生み出すのは起業家ですが、社会がそれを受け入れるかどうかを規定するのは政治なのです。法や規制を緩和させるためには、行政と首長、議会の力学、さらには官僚、政治家の行動原理を理解する必要があるのです。

政治家も経済を知る必要がありますが、同じように経済人も政治を知る必要がありますす。社会を理解しようとする場合には、制度で見るのではなく、その背景にある人間を観察することで社会が見えてきます。これは大学の政治学では学ばなかったことですが、「いかにして実現させるか」の知恵こそリアルの社会では大切です。

同じ構造はダボス会議でも感じました。

2017年ごろまでは、第四次産業革命やテクノロジーが大きなテーマでした。会場では起業家が熱っぽく「わが社の製品が世界を変えるんだ」といったプレゼンを繰り広げていました。しかし、それらのブースを見ながら私は気づいたのです。「ところでその製品はどこで実際に使えるの？」と。

みんな、自社のビジネスをとがらせることには必死なのですが、社会に実装させるまでの大きなハードル、各国の法や規制をどうやって乗り越えるかの道筋を持っていないのです。

老獪な企業であれば、一生懸命に選挙運動に協力して、政治資金パーティーに出席して、議員を味方に抱き込みます。これは既存企業の立場に立てば、イノベーションが起こせなくとも市場を独占し続けるためのひとつの生きる術です。

選挙が不安な議員は、選挙運動を支えてくれる業界団体と歩調を合わせて、安全性の確保などの大義の下で、その業界への新規参入を阻むために強固に規制緩和に反対するかもしれません。

いちばんのイノベーターは福岡市民

スタートアップにとって「選挙」はとても大切です。

第1回の「SLUSH ASIA」というスタートアップの祭典で、多くの起業家を前に私が演説したのは、政治とスタートアップが組んだとき、はじめて社会が変わるという話でした。

スタートアップこそ政治に興味を持ち、自分のビジネスをとがらせることと同じくらい、新しい社会をつくるために具体的に行動できる人を選挙で選ぶことに積極的になるべきです。

国政であれ、地方自治体であれ、選挙はある部分では規制緩和で新しいチャレンジャーを市場に入れようとする勢力とそれに反対する勢力の力比べでもあります。この戦いに勝たなければ、起業家のアイデアはいつまで経っても展示会場から外には出られないのです。

私自身、他都市の方から「イノベーティブな市長だから街もイノベーティブですね」と

第1回の「SLUSH ASIA」というスタートアップの祭典でのプレゼン

言われることがあります。しかし正確に言えば、それは「真逆」です。

私ではなく、36歳のキャスターだった私を市長に選んだ福岡市民のほうが相当イノベーティブなのです。

当時の選択肢としては、現職の市長も、元教育長の女性も、他都市の市長経験者もいました。その中でわざわざ若くて行政経験もない私を市民が選んだということは、福岡市民はこれまでの連続性より、飛躍した「変化」を求めていたのだと思います。

いちばんのイノベーターは福岡市民なのです。

そうでなければ、たくさんの安定した選択肢の中で、不確定要素が多過ぎる私を市長には選ばなかったはずです。

ですから私は、その確信と市民の期待にしたがって、ビジネスにおいても大企業とは真逆のスタートアップを主役に据えています。スタートアップのみなさんは、これまで歴代市長を支えてきた大企業や既得権者と違って、選挙運動もしたことがないでしょう。しかし、そういう人にこそ、ぜひ政治に関心を持っていただき、参加してほしいと願っています。

まちづくりは行政だけの仕事ではない

これまで「まちづくりは行政が行なうもの」と相場が決まっていました。しかし、行政ができる範囲には限界があります。しかも日本は今後、少子高齢化がますます進み、納税世代が少なくなっていきます。

私はこれから「まちづくりへの市民の参加」がキーワードになってくると考えていま

す。もちろんこれまでも、地域の自治協議会や民生委員のみなさんによる福祉活動や安全・安心につながる活動が、まちづくりを大きく支えてきました。

しかし日本では、まだまだ「お上《かみ》」という言葉に象徴されるように「国がなんとかしてくれる」「行政がすべき」という意識が強いのではないかと思います。これからはさらに街の活力創造など多くの分野においても、自分たちの街は自分たちで変えていくという「意識の変革」が必要です。

福岡市は「自治都市」と呼ばれるほど、これまでも市民による活動が盛んでした。

とくに都心部においては「We love 天神協議会」や「博多まちづくり推進協議会」などのエリアマネジメント団体の活動や「福岡テンジン大学」という人づくりの場などを通じて、魅力的なまちづくりが進んできました。

また、福岡の多くの民間や大学、行政が参画し「オール福岡」で福岡地域の成長戦略を立て実行する、全国的にも例のない産学官民連携組織「福岡地域戦略推進協議会」(Fukuoka D.C.)を2011年に立ち上げました。

そして経済産業省や民間企業の経験がある石丸修平《いしまるしゅうへい》さんに、事務局長としてハブ機能を担っていただき、スタートアップや防災、AIやIoTヘルスケアなど幅広い分野で産学官をつなげ、ビジネスの力で地域課題を解決すべく、さまざまなチャレンジを行なっています。

今後はこうした方針をさらに進め、それぞれの地域でも市民が積極的な姿勢でまちづくりに参加し、自分たちの街を自分たちの手で持続可能なものにすることが大切になります。市民が自ら参加することでシビックプライド、つまり住んでいる街への誇りにもつながるでしょう。行政だけがまちづくりをするのではなく、市民や企業、NPO、大学生などのみなさんと一緒にまちづくりをする。これは間違いなく、世界のトレンドになっていくはずです。

ひとりがひとつの花を育てれば、158万本の花でいっぱいに

私は福岡市の公園や花壇に不満を抱いていました。

花壇の緑は、植えたものなのか、自然に生えたものなのか区別がつかない状態。公園の

街中の花壇と「一人一花」のロゴ

雑草は元気よく伸び放題です。担当課に指摘をしても「月2回除草をしても、雨が降ると草が伸びるのが早くて……」などと言って「予算があれば……」と返答されるばかり。

そこで福岡市として打ち出したのが「一人《ひとり》一花《ひとはな》運動」です。これは、「一人一花」「一企《いちき》業《ぎょう》一《ひと》花壇《かだん》」、つまり市民ひとりがひとつの花を育てれば、福岡市が158万本の花でいっぱいになります。会社の近くでひとつだけでも花壇を管理していただければ、街中に素敵な花壇ができることになります。そうやって、市民が少しずつ力を合わせて福岡市をたくさんの花で包まれた潤いのある街にしていこうというものです。

これには2つの大きなきっかけがありまし

た。

ひとつはダボス会議で聞いたメルボルンの発表です。メルボルンでは、街路樹、1本1本の情報が公開されていて、それぞれの木にひとつずつメールアドレスもついています。

市民がその木にファンレターを送ることもできるし、木の状態の良し悪しを行政に伝えることもできます。市民は「私たちがこの木の管理人だ」という感覚なのだといいます。ダボス会議の「グローバルシェイパーズ」という33歳代以下部組織のメンバーも、大学と協力して世界の各都市で同じことを試みているということでした。

もうひとつはポートランドへ視察に行ったときのこと。街にはたくさんのきれいな花が植えられていたのです。いつも美しく飾られているということは、相当マメに手入れしていなければいけないはずです。どうしてポートランドにできて、福岡市にできないのか。職員が現地に調査視察に行ってわかったのは、花を市民が自らの手で育て管理をしていた、ということでした。

どちらも、市民がまちづくりに大きく力を発揮していました。行政がこれまでしていたことを市民と一緒にやることで、自分の街に対する誇りと愛着が強化され、さらに税金をできるだけ使わずに持続可能ないいまちづくりが実現できる。これはとてもすばらしいアイデアだと思いました。「他の誰か」ではなく、「自分たちで」街をいい方向に変えていくのです。

「税金を使って問題解決」は古い

税金だけを使って問題を解決しようとすることは前時代的だと思っています。これからは、民間の活力を最大限に活かしながら課題解決をしていくことが大切になります。そのためにも、規制緩和で民間が活躍できる「あそび」の部分を作りながら、市民にとっても企業にとってもウィンウィンになる施策をできるかどうかが重要です。もはや都市間競争は税金の投入ではなく、知恵比べの時代なのです。

福岡市で進めている「天神ビッグバン」というプロジェクトはまさに補助金ではなく、規制緩和によって街を一気に生まれ変わらせようとする取り組みです。

福岡市の魅力のひとつに、空港の近さがあります。

空港から地下鉄に乗ると、10分で博多駅や天神などの市の中心部に行けます。

一方、この魅力と背中合わせに建物の高さ規制があります。空港を中心に、すり鉢状に建物の高さ規制がかかるので、市の中心部の天神地区でもおよそ15階が制限いっぱいです。

しかしここ数年で福岡市は経済が急速に元気になり、２０１０年度（私の就任時）11％台だったオフィスの空室率は、２０１７年度には1％台にまで下がりました。もはや福岡市に企業を移転したくてもオフィスを借りられないのです。建て替えるにしても、現在のビルの建設後に作られた新たな都市計画などの規制によって、現在よりも床面積を増やせないどころか、逆に減らさなければなりません。

ビルはほぼ満室の状態ですし、これではビルのオーナーにとって建て替えの動機が見当たりません。九州でもっとも人が集まる天神にもかかわらず、耐震性に問題がある多くのビルが古いまま放置されているのは、こういう理由だったのです。

そこで福岡市が打ち出したプロジェクトが、「天神ビッグバン」です。

プロペラ機時代にできた航空法の高さ規制が、急上昇できるようになったジェット機の現在も同じ数値のまま適用されているという状況を、アベノミクスの成長戦略「国家戦略特区」による特例で打ち破り、さらに福岡市独自の容積率の緩和などの規制緩和やさまざまな施策と組み合わせることで、10年間で30棟のビルの建て替えを誘導し、都心部に新たな空間と雇用を創出するのです。

この天神ビッグバンによって、具体的な企業の開発プロジェクトがさっそく動き出しました。複数のビルを一体的にまとめて、日本でも最大規模の免震構造を持つ「(仮称)天神ビジネスセンター」を建設する構想が天神ビッグバン第一号です。

さらに旧大名小学校跡地には、外資系の有名ホテルであるザ・リッツ・カールトンが来ることも決定しました。天神の中心地にある福岡ビルや天神コアという老舗商業施設も一体的な開発を行なうことが発表されました。

こうした動きにともなって2017年から2018年の福岡市の地価は、東京や大阪の倍のペースで上昇しています。この天神ビッグバンのポイントは、市が税金でプロジェクトを動かすのではなく、規制緩和で民間が動ける「あそび」を作ることで実現するところです。

こうすることで、民間には利益がもたらされ、行政はできるかぎり税金を使わずに、災害に強く安全で、市民にとって暮らしやすい、快適なまちづくりを誘導できる。

今は、「民間と行政のウィンウィンの関係をどのようにすれば構築できるか」という知恵比べの時代なのです。

魅力あるまちづくりには、「街のストーリー」が欠かせない

魅力あるまちづくりをするうえで必要なのは、「街のストーリー」を伝えることだと思っています。

そこで重要な場所が「旧市街」です。旧市街とは、街の原点である場所です。「そこから発展していった」という場所。

福岡の姉妹都市であるフランスのボルドー市にしても、香港やエルサレム、エストニアやエジプトのカイロでもそうなのですが、観光ガイドを見ればかならず「旧市街」が載っています。旅行者は、その独特の街並みと歴史を感じるために、旅行のあいだの1日は旧

旧寺町のエリアに寄付によって建てられた「博多千年門」前にて

市街へ行こうと思うのです。これが観光のグローバルスタンダードになっています。

また海外でプレゼンテーションをすると強く感じるのですが、海外の方の歴史的なものに対するリスペクトが圧倒的に大きいのです。ですから、2000年を超える福岡市の歴史こそ、これから大きな注目を集めるポテンシャルを持っていると思っています。

福岡において旧市街は「博多部」と呼ばれる旧寺町のエリアで、由緒あるお寺や神社が点在しています。これまで福岡市は博多祇園山笠などの祭りには力を入れてきました。しかし、1963年からの区画整理事業で、その博多祇園山笠の発祥の地でもある承天寺の境内をふたつに分断して市道を通した歴史に象徴されるように、福岡市は旧寺町や史跡を積極的に保存、活用していくことに力を入れていませんでした。

そこで街のストーリーを市民や旅行者に伝え、その魅力と価値を感じてもらうために「博多旧市街」というプロジェクトをスタートしたのです。

実は福岡市、とくに博多部には歴史的な由緒ある「財産」がたくさんあるのです。日本で最初の禅寺があったり、うどん・そば・日本茶・ういろうの発祥の地があったり、世界最大の木造大仏があったり、約150メートルはあったという人魚の骨の一部と伝えられるものまで現存します。ところが福岡市民でさえ、その多くは「福岡市は観光として見るところがない」という認識なのです。それはなぜなのでしょうか。

私は、その原因は、福岡市に歴史的なもの、由緒のあるものがたくさんあっても、それらの点を線としてつなぐ「道」や「街並み」が整備されていないからだと考えています。いわば「ストーリー」が「ストリート」でつながっていないのです。

博多旧市街プロジェクトでは、舗装道路を石畳風にしたり、街灯や街の案内板も情緒を感じられるようなものに統一したりして、海外のガイドブックでも「博多オールドタウン」というネーミングで発信をしていきます。

前述の承天寺を分断する市道は、２０１４年に再整備して、寺社の景観に配慮した散策路になりました。地元の期成会の寄付によって「博多千年門」も建てられました。現在、周辺のエリアにも整備を広げています。

年月を重ね、民間の建物も含めて統一感が出てくれば、熟成した重厚な街並みは間違いなく将来の大きな宝となるはずです。

変えるには、まず「やってみせる」のがいちばん早い

日本を最速で変える方法は、東京の国会や中央省庁で全国一律の制度や法律を作ることではありません。

まずは地方都市など現場を限定して「実際にやってみせる」こと。ロールモデルを創っ

て、全国に広げていくことが、日本を最速で変えることにつながるのです。

ＡＩ、ＩｏＴ、５Ｇ、自動運転、シェアリングなど、人は実際のサービスや商品として、まだ目に見えていないものに想像が及ばないのです。

何かをやろうとすると、デメリットや不安ばかりがふくらんで前に進めなくなる。これが、日本の「あるある」パターンです。

実施する前からリスクばかりを気にしてしまい、少し大げさですが「よいことが１０００あっても、悪いことがひとつでも想定されるだけで始められない」という空気なのです。ですから、ロールモデルとして実際にやってみせるのがいちばん手っ取り早いのです。

「車」を例に想像してみましょう。

もし今、社会にまだ車がなかったとしたら、時速１００キロで人が乗れる鉄の塊を多くの国民が所有するといえば、相当な反対意見が出たと思われます。まだ体験をしていないため、生活利便性が格段に向上するというメリットが具体的に想像できないこともあり、いろいろなデメリットをあげて大騒ぎになるでしょう。

「もし意図的に人の列に突っ込んだら大量殺人ができるような危険なものを社会で使わせるわけにはいかない」「誰が責任をとるのか」という意見で反対する人の姿が容易に想像できます。

車は、実際に事故で亡くなる方もいる危険なものであることに変わりありませんが、便利さのメリットを実際に体験していると、車を全面規制しようという議論にはなりません。

これは、自動運転やドローンタクシーについても同じでしょうし、ネットで行政手続きをすべて行なう電子政府の動きにおいても同じことが起きると思います。

事故が起きたらどうするのか。情報が漏れたらどうするのか。もちろん決してあってはなりませんが、国民の利便性と社会全体としての生産性の大幅な向上が見込まれます。

インターネットでクレジットカード番号を入力することへの抵抗感も、一度利便を体験すると抵抗感は一気に弱まります。「まずはやってみる」ということが大事なのです。

福祉にしても、これからはビッグデータやＡＩを活用して、より効率的で効果的なやり方にチャレンジする必要があります。あらゆる分野で変革が求められています。

具体的には、国家戦略特区など、エリアを限定して実際にやってみせることです。また過疎地など人口が減っていて、革新的なものを導入することに関して、導入リスクよりも必要性のほうが上回るエリアほど、こういったサービスの実証実験を行ないやすく、最先端のチャレンジで弱みを強みに変えることすらできるのです。

ちなみに福岡市では、前述のとおり九州大学箱崎キャンパスの50ヘクタールの跡地に、スマートシティを創る「FUKUOKA Smart EAST」というプロジェクトを行ないます。既存の市街地にイノベーションを後づけするのではなく、真っ白のキャンバスにあらゆるイノベーションという絵の具を重ね、高齢化しても安心して住み続けられるスマートシティを創るのです。

このように、実際にサービスをやってみせる。そして、市民がそれらを直接目で見て体験することが、イノベーションをスピーディーに社会に実装するうえで、大きな後押しになります。

全国で奮闘する同世代リーダーたち

そして、やはりもうひとつ大切なのはリーダーの存在です。

「私のまちはどうすれば盛り上がりますか？」とよく聞かれます。都市にはそれぞれの特徴がありますから、他の成功している都市のやり方をコピーしても同じようにはなりません。福岡市の事例をまるごとコピーしてもうまくいくとは限らないでしょう。

ただ、各都市で若くてチャレンジングな首長を生み出すことは、変化を起こす大きなきっかけになると思います。

私と同世代の40歳代の首長で言えば、千葉市の熊谷俊人市長や三重県の鈴木英敬知事、夕張市の鈴木直道市長やつくば市の五十嵐立青市長、奈良市の仲川《なかがわ》げん市長や日南市の﨑田恭平市長、別府市の長野《ながの》恭紘《やすひろ》市長や武雄市の小松《こまつ》政《ただし》市長、下関市の前田《まえだ》晋太郎《しんたろう》市長、そして大阪市の吉村洋文市長も覚悟をもって自らリスクをとってすばらしいチャレンジをされています。

書き切れませんが、ほかにも全国で若い首長がしがらみにとらわれず、さまざまな取り組みをしています。

地方は、首長が代わったことで街が大きく変わったという声を全国で聞きます。行政の人事権と予算権を持ち、覚悟をもってリスクもとれる首長は、その都市に大きな影響を与えることができるのです。

第6章 覚悟

キャリアと死生観、自分の命の使い方

『たったひとりの闘争』との出会い

私は、小さい頃からプロレスが大好きでした。学校ではいつもプロレスごっこ。学校にラジカセを持って行き、入場テーマを流して入場。自分が戦わないときは、リングアナや実況役を務めていました。

高校時代に1冊の本に出会いました。アントニオ猪木《いのき》さんの『たったひとりの闘争』（集英社）という本です。ちょうど湾岸戦争の最中に、当時、参議院議員を務めていたアントニオ猪木さんが、中東のイラクで人質となっていた日本人を救出したときの訪問記でした。

最初は純粋にプロレスへの関心から本を手に取ったのですが、読み進めていくうちに、テレビの報道で伝えられている中東の姿と、本の内容が大きく異なることに疑問を感じるようになりました。またテレビ報道で見るような善悪の単純な構図では語れない状況があるのもわかってきました。そこで、自分でも中東問題について勉強してみることにしました。

正直、高校時代はバンド活動にのめり込んで学校の勉強はほとんどしていなかったのですが、関心を持った中東問題に関しては、さまざまな書籍を読み、熱を入れて調べました。父がタイミングよく関連書籍を買ってきてくれたことも、興味を深めるきっかけになりました。

そうするうちに、マスコミへの不信感が日に日に大きくなっていったのです。そして、真実を知るためにはマスコミや他者の主観を介さずに、自分の目で確かめることが大切だという気持ちが強くなっていきました。

高校1年のある日、担任の先生から、ホームルームの時間を使ってパレスチナ問題について発表するよう言われました。

当時は湾岸戦争が連日報道されていた頃です。私は、友人の名前を国や国際機関の名前に当てはめたオリジナルの教材を作り、「世界一わかりやすいパレスチナ問題」というテーマで授業をしました。クラスメイトからは「とてもよくわかった」とたくさんの声をかけられ、この経験はその後の私の大きな自信になりました。きっかけをつくってくれた担任の竹尾栄一《たけおえいいち》先生には、本当に感謝をしています。

大学に入学するとすぐに「日本中東学生会議」というサークルに携わりました。夏の長期休暇を利用して、日本の学生とエジプトやイスラエル、パレスチナの学生とでディスカッションやフィールドトリップをしながら友好を深める活動が中心です。

当時はまだ電子メールなども一般的ではなかったので、届くかどうか心配しながら手紙を書き、エジプトやイスラエルの学生とやりとりをしていました。そしてヘブライ大学の教授などにご協力をいただきながら、1995年8月には第1回日本イスラエル学生会議、そして第2回日本エジプト学生会議を開催したのです。

「国家」と「日本人」を強く意識するきっかけになった中東訪問

「抱いていたイメージとまったく違う」

それが、はじめて中東を訪れたときの感想でした。正直、どこか怖い印象を持っていたのですが、実際に足を運んでみると、現地の人たちに驚くほどあたたかく接していただいたのです。

そして、その理由は「私が日本人であるから」ということに気づきました。

日本人だから信頼され、まわりから愛され、歴史も経済も国際社会での振る舞いも、さまざまな面が評価されているということを学生時代の旅で実感したのです。「日露戦争で日本が勝利したのはすばらしい。アジアの国が白人に勝利して私たちは勇気をもらった」「このコピー機は日本からの援助のおかげだ。他国は軍隊も一緒に入って資源を狙ってくるが、日本は必要なお金だけ出してくれる本当の友人だ」「ドラマの『おしん』が好きだ。日本人は団結して中国にもロシアにも勝った。アメリカに卑怯な原爆で攻撃されたが、今は経済でやり返していてすばらしい」などなど。

誤解も多々ありましたが、中東の各国でまさかこんなに「日本のことが好き」と言ってくれる人がいるとは思ってもいませんでした。しかも学校の授業でも聞いたことがなかったような話を彼らのほうが詳しく知っているのです。それなのに、私は一方的に中東地域全体に怖いイメージを抱き、誤解していたことを心底恥ずかしく思いました。

イスラエル人が歴史的な苦難から「国家」への思いを強くしたことはいろいろな書籍や映画などを通じて知られています。

一方、学生時代に訪問したパレスチナ自治区では、はじめて「国を持たない人」に出会いました。「国を持たない人」とは、自国のパスポートがない人たちです。

私たち日本人は、あたりまえのようにパスポートを持ち、海外に行けば「私は日本人です」と自己紹介します。海外からの侵略や脅威からは自衛隊が守ってくれ、治安は警察が守ってくれます。パレスチナで出会ったのは、そういった機能に守られない人たちでした。治安を維持する警察機能は、自国民ではなくイスラエルが担っています。また国家がないので、国際社会ではあくまでもオブザーバーにすぎないのです。

過去に国を持たなかったイスラエルと、今、国を持たないパレスチナという、どちらも国を持たないことによる不自由や苦難を味わってきた人たちに出会って、私は自分が置かれている環境のありがたさを再認識しました。国家を守り、その国家の名誉を高めてきた先人に、はじめて関心を寄せることになったのです。

また、日本人はビザがなくても入国できる国が世界トップクラスで多いということも知りました。日本人が当たり前に取得するパスポートは、先人たちが脈々と築き上げてきた信頼に足る国づくりの賜物なのです。そして私も「誇るべき日本と、生まれ育ったふるさとをもっと発展させるべく、いつか自分も政治家として働いてみたい」と強く思いました。私の人生を決定づけたのが、この学生時代のパレスチナ・イスラエル訪問でした。

「選挙に強い政治家」という視点で考えたキャリア

国家を持たないパレスチナの学生とかかわるなかで、これまで意識したこともなかった「国家」や「日本」について考えるようになりました。そして将来は「政治家になって日本や世界の発展に寄与する」という目標を立てました。

もちろん政治家になるのは手段ですから、日本をもっとよくするための仕事は他にもたくさんあります。しかし私は学生時代のこの経験から、未来の世代へよりよい国や地域を残して命のバトンをつなぎたいと思ったとき、人生の中で一度は政治の仕事に携わりたいと考えるようになったのです。

では政治家になるためにはどうすればいいのでしょうか。実際には議員秘書や行政職員という キャリアを積んでから議員などへ立候補する人が多いのかもしれません。少しでも実践経験を積み、そこで作った人脈を頼りに選挙に出るのです。しかし私は、「選挙に強い政治家になる」という視点からキャリアを作ることにしました。

政治家になっても選挙に弱いと、大きな組織票を持つと言われる業界団体や政党、地元の有力者に気を遣うことになります。また選挙への不安から、地元の祭りや運動会、地域の寄り合いにとりあえず顔を出しておくということが優先され、ほとんどの時間を「政治活動」ではなく「選挙運動」に忙殺される、という話を学生時代にある雑誌の記事で読んだのです。

選挙に強い政治家こそが、市民のための政治、物事を前に進める政治をすることができるという内容に、私はとても心を動かされました。よって私は、「選挙に強い政治家」を目指すことにしたのです。

そこで大学卒業後に目指した職業は「アナウンサー」でした。

なぜ、アナウンサーだったのか?

アナウンサーは取材の過程でさまざまな社会の現場に足を運び、いろいろな立場の方から直接話をうかがうことができます。毎日が社会勉強です。

また、硬軟織り交ぜて情報を自ら伝えられるという点で大変やりがいのある仕事です。くわえて記者とは違い、自身の知名度も大きく上げることができます。

情熱を持って仕事ができて、社会に関する知識も増やすことができ、同時に顔を覚えてもらえる。「ジバン、カンバン、カバン」がない私にとって、将来の選挙に勝てるキャリアを構築するうえでも、アナウンサーこそがもっともふさわしいと考えたのです。

もちろん、私の父が大分でアナウンサーをしていたということも、私にとってこの職業を身近に感じることができた理由であったと思います。

「才能」には限界があるが、「努力」ならいちばんになれる

そういうわけで「アナウンサーになろう」と決めたのですが、もちろん簡単になれるも

のではありません。専門の学校に行っていたわけでもありませんし、まったくの未経験分野です。アナウンサーの試験は数千人が受験して、合格するのは東京でも男女2人ずつくらい。とくに地方局では派遣社員として採用する割合も多く、正社員の採用は1人くらいですから、相当な倍率です。

私は、アナウンサーの受験を決めてからは、誰よりも受験準備のために時間をかけた自信があります。それは私の「才能のなさ」の裏返しでもありました。

「才能」には限界があります。でも、「努力」であればいちばんになれます。

私は毎日「今日、努力した順位は受験生の中で何番目だろう?」と考えていました。毎晩、電気を消したあと目を閉じてからこう思うのです。「こうしている今も電気を消さずに準備をしている受験者がいるのではないか。そもそもこんなことをベッドの中で考えている自分がいるということは、まだ余力があるのに、自分の意志で今日を終わらせようとしているのではないか。朝生まれてきた命を、自分の意志で終わらせようとしているのではないか。今日という一生は、本当に悔いがないものなのか?」と。

そして、もう一度電気をつけて、さまざまな想定問答をつくる作業や、自己PRの内容をブラッシュアップする作業をしました。

よってほぼ毎日、電気は点けたまま机で寝ていました。膀胱炎にもなりました。試験後は放送局からの電話連絡を待つために、電話線がちゃんとつながっているか1日に何度も受話器をあげて確認していました。

当時、テレビ番組の「サザエさん」のエンディングで「じゃんけん」コーナーがありました。

試験が終わったある日、偶然流れていた番組を見ていると、なぜか頭の中にもうひとりの自分が現れて「このじゃんけんに勝てば合格の電話があるぞ」とささやくのです。そして「じゃんけんをせずに、ここでチャンネルを変えたら人生逃げたことになるぞ」と私を追い詰めるのです。やるしかありません。それはもう必死でした。あそこまで鬼の形相でサザエさんとじゃんけんをしていた人は、日本中探してもなかなかいなかったのではないかと思います。

今考えれば、精神的にかなり自分で自分を追い込んでいたのだと思います。ただ、1000人、いや数千人の受験生の中で1番と言えるほどの努力をしていなければ、1人しか合格しない試験で合格できなくてもくやしがる権利はないと思っていたのです。「才能」で言えば、私は勉強も運動も得意ではありませんでした。だからこそ、ここぞというときは、他の人以上に努力しないと、同じだけの結果すら得られないと知っていました。

もちろん健康に留意しながら毎日を過ごすことは大切ですが、特別なものを手に入れたいのであれば、逆立ちをするような努力をするしかなかったのです。「誰よりも努力する」「時間をかける」という極めて単純な戦略以外に、他の受験生に私が勝てる方法はありませんでした。

チャンスを逃さないための徹底的な準備

私はプロレスが好きで、子どもの頃からプロレスごっこをしながら実況のマネごとをしていました。

当時の憧れの存在は古舘伊知郎《ふるたちいちろう》さんでした。いつからか、テレビで本物のプロレスの実況をしてみたいと思うようになり、小学校の卒業アルバムには将来の夢の欄に「プロレスのアナウンサー」と書いていました。

政治の世界を心に抱きつつ、放送局に就職したのですが、小学校時代の夢を思い出す瞬間が訪れました。

入社した年の秋、私の同期であるテレビ朝日の勝田和宏《しょうだかずひろ》アナウンサーが新日本プロレスの中継番組「ワールドプロレスリング」の実況をするため博多のプロレス会場に来ていたのです。

小学生の頃に憧れたあの実況席に、同期のアナウンサーが座っている――。その光景を見てから「夢がすぐ近くにあるのに、つかまないわけにはいかない」という思いになりました。

私はその翌日から、いつ実況の仕事が来てもいいように準備を始めました。

ちなみにプロレスの実況はテレビ朝日のアナウンサーの仕事です。私のような地方局のアナウンサーは、そもそも前例がありません。ただ「10年後でもいいので、一度きりでもいいので、チャンスをつかみたい」と思ったのです。

まずは、スポーツ新聞のスクラップを始めました。また、CSのプロレス専門チャンネルを見ながら音を消して実況の練習をしたり、東京や大阪、札幌などで大きな試合があるときには、ほぼすべて会社に休暇申請をして、自費でテレビ朝日の手伝いに行ったりしました。航空券や宿泊などは自費なのでお金もかかりましたが、「休暇に自費で」行動するかぎり、誰に何を言われることもありません。プロレスの手伝いは業務ではないので、上司の判断で担当を外れることもなければ異動させられることもない。長期スパンで好きなだけチャレンジできるのです。

東京など、各地の会場に行くときは、いつでもすぐ実況ができるように「実況ノート」を持ち歩いていました。もしかしたら、実況担当のアナウンサーが事故で急きょ来られなくなるかもしれない。急に体調不良で実況できなくなるかもしれない。そんなときに「私がやります」と言うためです。

もちろんそんなチャンスはほぼないと思ってはいましたが、そもそもゼロからイチを生むチャンスを狙っているわけです。考えうることはなんでも想定して準備していました。

そして1998年10月24日福岡国際センター。まさかのそのチャンスが、本当に訪れたのです。

新日本プロレス福岡大会の当日、来場する予定だった実況担当のアナウンサーが、前日の高校野球が雨で順延になったため、そちらの実況を優先するために来られなくなったというのです。

試合開始直前の福岡国際センターのテレビ朝日控え室で、ふと番組プロデューサーが私の顔を見て言いました。

「あれ？　お前、実況してみたいって言ってなかったっけ？」

そこで私はカバンに入れていたプロレス記事のスクラップや準備していたノートをドサッと机の上に出し、「できます！」と答えました。ついに夢の扉が開き、はじめて夢の実況席につくことができたのです。

そこからおよそ1時間、試合開始ギリギリまで準備をし、たくさんのお客さんで埋まった福岡国際センターの花道を通って実況席に向かう私は、もしかするとレスラーより気合いが入っていたかもしれません。小学校時代からの夢を叶えた瞬間ですから、リングの前でヘッドホンとマイクが一体となった実況用の「ヘッドセット」をつけたときの感動はいまだに忘れられません。

また、後日に聞いた話ですが、このようにスムーズに事が進んだのは、実は私が地道に準備をしていることを見てくれていた会社のスポーツ部の先輩や「ワールドプロレスリング」の番組ディレクターがいたからです。彼らがテレビ朝日のプロデューサーにそのことを伝えて「いつか彼にチャンスを与えてほしい」と裏でお願いしてくれていたのです。スポーツ部の竹重裕行《たけしげひろゆき》先輩と松崎好彦《まつざきよしひこ》先輩、そして「ワールドプロレスリング」の海谷善之《かいやよしゆき》さんには本当に感謝しています。

結局その日は2試合を担当させていただき、これがきっかけでボランティアにもかかわらず、他の会場でも少しずつ実況やリポートをさせていただけるようになりました。

数年後にはテレビ朝日から正式に仕事として福岡の放送局に発注をいただき、後楽園ホール、大阪ドーム、札幌ドーム、両国国技館など、全国の会場で実況やリポートをしました。最終的には東京ドームでの夢の「ＩＷＧＰタッグ選手権」の実況も全国中継で担当しました。

チャンスはいつやって来るのかわかりません。それでも、いつそのときが来てもいいように緊張感をもって準備をしておくことが大切です。

チャンスはいつも突然訪れます。そのときにチャンスをチャンスとわかる人とわからない人、わかってもそれをつかめる人と逃す人がいます。

私の場合、突然訪れた実況のチャンスのとき、もし準備不足で結果が悪ければ、二度と声はかからなかったことでしょう。この経験は、私に「絶対的な準備」と「チャンスを逃さない緊張感」がいかに大切かを教えてくれました。そして、見えないところでそっと後押しをしてくださった諸先輩方には、感謝の気持ちでいっぱいです。

明日死ぬかのように今日を生きる

私が大切にしている言葉が「一日一生」というものです。

朝起きたときに生まれて、夜寝るときに死ぬ。もう起きてこないかもしれない。1日を一生と捉えなさい、という言葉です。

1日を一生の縮図と考えると、たとえば2時間ご飯を食べ、6時間遊び、8時間仕事をして、8時間寝るとします。これを同じように毎日続ければ、一生のあいだに使った時間の割合と変わらなくなる。「何に時間を使ったか」の割合は、1日も一生も同じになるのです。

つまり、一生は1日の生き方の積み重ねなわけです。

10年で何かを成し遂げようと思ったら、1日の使い方から変えないといけない。1日の過ごし方とまったく同じことが10年間繰り返されるだけだからです。

「明日死ぬかのように今日を生きる」という言葉も大きく影響を受けた言葉です。

明日が今日と同じように来るとは誰も断言できません。そう考えると今日という1日の捉え方もまったく変わってきます。

私は生きるということをいつも「死からの逆算」で考えています。それは、学生時代に中東で得た死生観が、今でも影響を与え続けているからです。

私たち人類は、過去から「命のバトン」をずっと受け継いできました。ひとりの命は有限です。ほとんどの命は数十年で終わります。私たちは永遠に生きることはできません。しかし、人類は命を「つなぐこと」で永遠を実現できるのです。

そんなことを実感したのは、学生時代、エジプトのカイロ博物館でラムセス二世のミイラの前に立ったときでした。

「カノプス壺」というものがあります。

死んでミイラになった人の魂が戻ってきたときのために、内臓を保存しておく壺です。ミイラとして体を保存し内臓まで保存する。当時の人たちは、そうしてまで永遠の命を追い求めたのです。

ラムセス二世というエジプトの歴史上で大きな力を誇ったファラオがいます。

彼も永遠の命を求めていましたが、いま残っているのは干からびてカラカラのミイラだけです。私はそのミイラを目の前にして「魂は絶対にこの体には帰ってこない」と、至極あたりまえのことを確信しました。仮にこのカラカラに干からびた体に魂が帰って来たとしても、起き上がった瞬間にボロボロに壊れてしまうでしょう。

一方でエジプトの古代壁画には、子孫繁栄のさまざまな宗教行事がたくさん描かれていました。二度と魂の戻るはずのないミイラと子孫繁栄の行事。このふたつが一瞬にして私の頭の中を駆け巡り、永遠とは「長生きすること」ではなく「生まれ変わり続けること」であると確信したのです。

伊勢神宮が式年遷宮を繰り返して、美しく気高く生まれ変わり、いつもみずみずしくあるように、個々の命は老い滅んでも、種としての人類は、常に活力に満ちあふれている。それこそが「永遠」という営みなのです。

ラムセス二世のように、宗教と政治を司り、権威と権力を握り、とてつもない力があった人間ですら、90年の命でした。どんな人間でも100年も経てば死ぬ。どれだけ権勢を誇っても、どれだけお金を稼いでも、かならず人は死ぬのです。

一人ひとりの命は短く、はかなくてもろい。

そのことを悟って以来、私は「今回の」自分の人生を何に使って生きようか、と死からの逆算で考えるようになったのです。

人類という種にとって「生まれ変わり続けていく」ということが唯一の「永遠」であるとすれば、個体としての私がいつか滅んでも人類の「永遠」を真に願うのであれば、自分が今「命のバトン」を受け取ったからには、責任を持って次の世代にバトンをつなぎたい。そして、せっかくなら与えられた使命を一生懸命に果たすことで、何かを少しでも前に進めて次につなぎたいと思うのです。

それはコツコツとした地道な仕事を通してでもいいし、世界を変革する起業でもいい。また次の世代を担う子孫を残すこともひとつの命のつなぎ方ですし、生き様を記憶として次の世代へ残すこともできるかもしれません。

「今回の人生は、自分はどういう役割で生まれてきたか？」

「どういう分野で、どう時代をよりよく前に進めて次の世代につないでいくのか？」

そういった視点から今回の命の使い方を考えてみましょう。

体力や気力も含めて、現在の寿命で考えればおよそ30歳から60歳までが多くの人にとっていちばん情熱を傾けられる勝負の時間だと思います。この30年が、「今回の」命を燃やすピークの時期であり、人生の活動領域を最大限拡大させられる期間です。そう考えると、どうしても「時間がない」と思ってしまいます。最後のゴングは近いのです。

私も40歳を過ぎたということは、あとおよそ20年で今回の命のピークタイムは終わってしまう。その前後はある意味人生の「おまけ」だと思うのです。

私が60歳になったときは、おそらくまったく新しい発想と充実した気力、体力を兼ね備えた30歳の人が活躍しているでしょう。だから、このピークの期間のあいだにどれだけのことができるか、命をどれだけ燃やせるか、が勝負なのです。命の使い方、つまり「使命」が問われていると考えています。

日本新時代を創ろう

私は団塊ジュニア世代です。いわゆるバブルを知らない世代です。大学の受験率は高く、卒業生も多いのに、バブルが崩壊し、就職に恵まれなかった世代と言われています。

上の世代の人に話を聞くと「出張のおみやげがシャネルやディオールだった」「タクシーは一万円札の束で停めた」などの景気のいい話ばかりが飛び出します。

しかし私たちが学生の時代は「日本の未来は苦しい」「バブルのツケが……」「就職氷河期で就職先がない……」という希望が持てないような話ばかりでした。

私たちは明るい未来をあきらめて、少子高齢社会を支える世代として、苦しみ耐え忍ぶ時代を生きなければいけないのでしょうか？

冗談じゃありません。

若い世代が、これからの時代を、私たちの全盛期を暗いものにしないためにも、時代や他人のせいにはせず、自らの手で、自分たちの時代を切り拓くことが大切です。

日本はこれまでの歴史の中で、幾多の危難を乗り越えて繁栄してきました。大砲を積んだ大きな黒船の恐怖に震えたとき、爆撃によって焦土となった街を見て呆然としたとき、地震や台風で甚大な被害に見舞われたとき、いつもその時々の日本人が明日への希望を捨てずがんばってきたから、今の日本があるのです。

先人たちの努力には本当に頭が下がります。次は私たちの番です。今バトンを持っているのは私たちの世代なのです。自分たちの時代の輝きは、人が与えてくれるものではありません。相続してもらうものではなく、自分たちで勝ち取るものなのです。

今、社会には時代の過渡期ゆえの不安が広がっています。

一方、テクノロジーの進化はめざましいものがあります。さまざまな分野で、これまであたりまえだと思われていた社会の概念や規制、商品、サービスが、急速に時代に合わなくなってきています。官も民も日本は制度疲労を起こしているのです。

しかし日本では、すみずみまでしっかり制度設計されているからこそ、それらを前提から再構築していくのは並大抵のパワーであっても無理です。

もし映画であれば、偉大な聖人君子の救世主が現れて、劇的に問題を解決してくれるのかもしれません。でも現実社会にはそんな救世主など存在せず、得意なところもダメなところもある生身の人間、つまり不完全な私たち一人ひとりのチャレンジの積み重ねによって社会は変わっていくことができるのだと思います。

私は36歳で福岡市長になりました。

若くして街の舵取りをさせていただくことになったのですが、私は決して小さい頃から勉強が好きだったわけでもなく、友だちとバンド活動ばかりしているような人間でした。

今も、仲間と飲んだり騒いだりするのが大好きな普通の一市民です。

同時に、学生時代の経験によって芽生えた先人に対する感謝と、次世代のために自分たちの手で新しい時代、明るくて元気な日本をつくりたいという思いも、強く持っています。どちらも本当の自分です。決して選ばれし人間でもないし、聖人君子とは程遠い、ごく普通の不完全な人間です。きっと、この本を手に取って読んでくださっているみなさんも、多かれ少なかれ、自分の中にそのような「ふたつの自分」を持っているのではないでしょうか。

私と同じように少しでも社会をよくしていきたいという思いを持っている人たちと力を合わせて、時代の過渡期の混沌を、明るい未来の幕開けに変えていきたいと思っています。そして政治や行政の世界にも、異業種からどんどんチャレンジする人が増えてほしいと思っています。とくに、若い市長や知事が各地方に誕生し、新しい風を吹き込んでくれることを期待しています。

評論するのではなく、私自身も新しい価値をつくり出すためにチャレンジし続けます。

多くの同世代、そして私より若い世代の同志とともにチャレンジを続けます。

もはや、毎日なんとなく過ごしていれば老後も保障されるような安心の時代ではありません。

しかし、変化を恐れず、攻めの姿勢でイノベーションを起こすことができれば、課題こそがビジネスチャンスとなり、人口減少は世界に先駆けた生産性の大幅な向上につながり、逆に日本新時代の扉をひらくことができるはずです。

悲観するのはもうやめにしましょう。

この迷走は終わりの始まりではなく、新時代の到来を告げる胎動であり、この苦しみは産みの苦しみだと確信しています。

ともに私たちの時代、希望の時代をつくっていきましょう。

おわりに

成功の反対は挑戦しないこと

「高島市長ですよね？　市長が成人式で述べられた言葉を聞いて、すごく勇気をもらいました。それで、自分もチャレンジしようと思ってここに来ているんです！」

ニュージーランド・オークランド市との姉妹都市関連事業のために現地を訪問していたときのこと。交差点で信号待ちをしていたら突然、大学生の男の子にこう声をかけられました。

彼は留学のためにオークランドに来ていたそうで、このときに一緒に撮った写真とともに、さらなる決意をInstagramにアップしていました。実際に自分自身で人生を切り拓くために挑戦を始めた学生から直接声を聞いて、私も本当にうれしく思いました。

毎年私は、成人式で新成人のみなさんに言葉を贈ります。これから社会へ旅立つ新成人へ強く伝えたいメッセージがあるので、私は毎年ほぼ同じ内容を伝え続けています。そしてしっかり覚えてもらえるように、あいさつはできるだけ短く、シンプルに私の思いを伝えているのです。短いのでご紹介させてください。

新成人のみなさんにとって大切な節目の日に、心をこめて、私が大切にしているふたつの言葉を贈ります。

まずひとつ。「成功の反対は失敗ではない。成功の反対は挑戦をしないこと」失敗したっていいのです。そこから得るものは、かならずあるはずです。だからどんどんチャレンジをしてほしい。夢を持ってほしい。

夢には2種類あります。「寝て見る夢」と「起きて見る夢」ぜひ起きて見る夢を見て、その夢を目標に変えてほしいと思います。目標がはっきりすれば、日々見聞きするニュースや、人の話がまったく違って聞こえてくると思います。

そうすれば日々の行動が変わります。日々の行動が変われば、習慣が変わります。習慣が変われば、みなさんの人生が変わります。

ぜひ「起きて見る夢」を見て、その夢を目標に変えて、チャレンジをしてほしいと思います。

ふたつ目は「幸せだから笑うんじゃない、笑うから幸せになる」です。

これは私の恩師からいただいた言葉です。

これから生きていくうえで、人のせいにせず、社会のせいにせず、環境のせいにせず、自分の意志と自分の行動で、輝かしい未来を切り拓いてほしいと思います。


私が伝えたいのは、「何事も受け身じゃダメだ！　理想の人生、理想の国、理想の時代は自分たちでつくろうぜ！」というメッセージです。これはまさにアントレプレナーシップ（起業家精神）です。


繰り返しますが、私がスタートアップ施策に力を入れているのは、単にこれまでと同じような小さなお店や会社がたくさん増えて開業率が上がればいいということではありません。開業率やスタートアップはあくまで「手段」であって、「目的」はリスクをとってチャレンジする人が尊敬される社会を創ることです。

少子高齢化が進み、世界の価値観もどんどん変わっていく中で、今まさに求められている新しい価値やテクノロジーやビジネスモデルをどんどん生み出していくこと。誰かや何かに守られながら生きていくことを期待するのではなく、自分で主体的に、自分の人生や社会にコミットしていくこと。相続ではなく、汗をかいて自分で勝ち取っていくこと。ピンチをチャンスに変える「しなやかさ」と「したたかさ」です。

他者に「べき論」を押しつけたり、安全なところから評論したりするのではなく、言い出した人が自ら行動し、全国のあらゆる分野で「時代のチャレンジャー」が増えれば、間違いなく日本は未来の「暗い想定」を変えることができます。

この本を読んでいただいた、これからの時代を創る仲間にも、これらの言葉を贈りたいと思います。

「成功の反対は失敗ではない。成功の反対は挑戦しないことだ！」

「幸せだから笑うんじゃない。笑うから幸せになるんだ！」

2018年10月　高島宗一郎

［著者］

高島宗一郎（たかしま・そういちろう）

1974年大分県生まれ。大学卒業後はアナウンサーとして朝の情報番組などを担当。2010年に退社後、36歳で福岡市長選挙に出馬し当選。2014年史上最多得票で再選、現在二期目（2018年10月現在）。

2014年3月、国家戦略特区（スタートアップ特区）を獲得、スタートアップビザをはじめとする規制緩和や制度改革を実現するなど、数々の施策とムーブメントで日本のスタートアップシーンを強力にけん引。福岡市を開業率3年連続日本一に導く。

MICEやクルーズ船誘致、コンテンツ産業振興などの積極的な経済政策で、一期目4年間の税収伸び率は政令指定都市トップ。現在、政令指定都市で唯一、5年連続で税収過去最高を更新中。

一方、借金に依存しない自治体運営や行財政改革に取り組み、二期8年間で約2300億円の市債残高を縮減。

熊本地震の際には積極的な支援活動とSNSによる情報発信などが多方面から評価され、博多駅前道路陥没事故では1週間での復旧が国内外から注目された。

2017年日本の市長では初めて世界経済フォーラム（スイス・ダボス会議）へ招待される。

本書『福岡市を経営する』が初の著書となる。

福岡市を経営する

2018年12月５日　第１刷発行

著　者――高島宗一郎
発行所――ダイヤモンド社
〒150-8409　東京都渋谷区神宮前6-12-17
http://www.diamond.co.jp/
電話／03･5778･7236（編集）　03･5778･7240（販売）
編集協力――竹村俊助（WORDS）
カバーデザイン―小口翔平（tobufune）
本文デザイン―喜來詩織（tobufune）
撮影（カバー）―北嶋幸作
本文DTP――桜井淳
校正――――鷗来堂
撮影協力――Fukuoka Growth Next
制作進行――ダイヤモンド・グラフィック社
印刷――――八光印刷（本文）・慶昌堂印刷（カバー）
製本――――宮本製本所
編集担当――和田史子

ISBN 978-4-478-10347-0

Printed in Japan
JASRAC 出 1812742-801